明治の東海道を歩いた宣教師
テストヴィド神父書簡集

中島昭子

ドン・ボスコ社

巻頭言　　梅村昌弘　7

はじめに　　中島昭子　9

凡例　10

第一章　日本再宣教の黎明 ……………… 13
1. パリ外国宣教会　14
2. 再宣教までの道程　16
3. 横浜天主堂と大浦天主堂　18
4. キリシタン禁令高札の撤去　22

第二章　テストヴィド神父、横浜へ ……………… 27
（1849〜1877）
1. テストヴィド神父の誕生　28
2. 日本への旅 ── 第1書簡　29
3. 横須賀から横浜へ ── 第2書簡　31
4. 横浜から八王子へ ── 第3書簡　38

第三章　歩く宣教師 ── 神奈川県全域 ……………… 43
（1878〜1880）
1. 外国人の国内旅行と宣教師　44
2. 小田原へ ── 第4書簡・第5書簡　47
3. 砂川へ ── 第6書簡・第7書簡　59

目次

第四章 　歩く宣教師 ── 東海道　　67
（1881〜1885）

1. 静岡へ、愛知へ、岐阜へ（1）
　　── 第8書簡・第9書簡　68
2. 静岡へ、愛知へ、岐阜へ（2）
　　── 第10書簡・第11書簡・第12書簡　77
3. 芝生村天主堂と若葉町教会　119
4. プティジャン司教時代の終焉 ── 第13書簡　125
5. 沼津と砂川に教会誕生 ── 第14書簡　130

第五章 　神山復生病院設立　　139
（1886〜1891）

1. 神奈川県と静岡県の巡回宣教　140
2. 神山復生病院誕生までの道程
　　── 第15書簡・第16書簡　143
3. 神山復生病院の創設 ── 第17書簡　161
4. 最後の書簡 ── 第18書簡　176
5. 香港で帰天　186

第六章 　テストヴィド神父の時代　　189

1. 語り継がれる思い出　190
2. テストヴィド神父の後継者たち　191
3. テストヴィド神父の時代　194

付 書簡解題・先行研究概要・今後の課題　*197*
注　*206*
むすびにかえて　　中島昭子　*232*
あとがき　　小笠原 優　*235*
主要参考文献　*237*
日本教区分離図　*241*
関連年表　*242*

巻頭言

　横浜教区では2012年に1年をかけて横浜天主堂献堂ならびに日本再宣教150周年を祝いました。1846年、日本の再宣教はパリ外国宣教会に一任されましたが、宣教師たちは思うように入国できませんでした。1858年に欧米五カ国との間に修好通商条約が締結され、ようやくその翌年、開港されたばかりの横浜の居留地にジラール神父が初めて居住をゆるされました。3年後の1862年には横浜天主堂が献堂され、日本再宣教の拠点となりました。その後の具体的な宣教は「歩く宣教師」と呼ばれるパリ外国宣教会の司祭たちにゆだねられましたが、その一人が横浜から岐阜までの東海道を任せられたテストヴィド神父です。

　宣教の途次、テスドヴィド神父は御殿場近くの水車小屋でハンセン病を患う1人の女性と出会います。この邂逅が、日本で最初のハンセン病施設「神山復生病院」設立のきっかけとなりました。本書の中では「水車小屋の女性モニカが『神父の愛に点火した摂理の導火線』となって病院の誕生を実現させた」と解説されています。昨年、国の登録有形文化財に登録されていた「復生記念館」が創建当時の司祭館の姿に復元され、2016年11月2日に祝福式が挙行されました。これでようやく貴重な資料を適切に保管し展示できるようになりました。後世にハンセン病の歴史を伝えていくという重要な責務を果たす上での礎を多少なりとも築くことができたのではないかと思っています。らい予防法が撤廃されてすでに20年ほどたっていますが、未だに病気に対する偏見と差別は払拭されてはいません。それを思うと開国したばかりの明治の日本にあって病院創設に向けてのテストヴィド神父の労苦のほどが容易に想像されます。賛同と援助を願うべく上長である司教に宛てた書簡の中で「私は最後の恵みとして、この愛すべきハンセン病患者の中で生き、そして死ぬという特

別の計らいのみをお願い申し上げる次第です」との覚悟が綴られています。そして自らを含めてこの慈善事業のすべてを「特別の憐れみを示された神の憐れみ深いご計画の中に」位置づけています。テストヴィド神父の書簡を一読し、宣教の原点、救いの原点は、イエス・キリストをとおして示された神の憐れみ、神のいつくしみにあるということを改めて確認したような気がしています。

　聖書の中では「群衆が飼い主のいない羊のように弱り果て、打ちひしがれているのを見て、深く憐れまれた」（マタイ9・36）イエス、「一人息子を亡くしたやもめを見て、憐れに思う」（ルカ7・13）イエスをとおして、善きサマリア人のたとえ話では「追いはぎに襲われ、半殺しの目に遭った人を見て憐れに思い、近寄って看病する」（ルカ10・33）サマリア人の姿をとおして、神のいつくしみが端的に語られています。「いてもたってもおられぬ」、「そうせずにはおられない」、「やむにやまれぬ」神の思いをもって宣教にあたったイエス、そのイエスの心を心として宣教に赴いたのが、テスドヴィド神父ではなかったでしょうか。「このような病を前にして、国籍や宗教にかかわらず、情け深い人は無関心ではいられないでしょう」と自ら語っています。テスドヴィド神父の宣教師としての一生は、その訃報をもって「慈悲の英雄が旅立った」と報じた新聞の見出しどおりではなかったかと思います。

　末筆ではありますが、出版のためにご尽力くださった神奈川第二地区の教会の皆様方、特に鷺沼教会主任司祭の松尾貢師と藤が丘教会主任司祭の小笠原優師、そして捜真学院の学院長を務める中島昭子先生に心から感謝と御礼を申し上げます。

カトリック横浜教区司教　梅村昌弘

はじめに

　キリシタン禁令高札が撤去された1873（明治6）年、日本代牧区長ベルナール・T・プティジャン司教 Bernard Thadée PETITJEAN の要請により、パリ外国宣教会 Société des Missions Etrangères de Paris から11人の宣教師が日本に派遣された。その一人ジェルマン・レジェ・テストヴィド神父 Germain Léger TESTEVUIDE は、横浜を拠点として18年間福音宣教にあたったが、病のために香港のサナトリウムに移り、42歳で帰天した。

　それは、横浜など開港場から始まったカトリック教会の再宣教が、日本各地に広がりを見せていく時代であった。テストヴィド神父は徒歩で八王子へ、そして東海道筋の町から村を岐阜まで巡り、カテキズムを教え、さらに静岡県御殿場市にハンセン病患者のための神山復生病院を創設するなど、愛の業を形にする働きを全うしたのである。

　本書は、テストヴィド神父の書簡18通の日本語訳である。未だ紹介されていないものも含まれ、明治前半における宣教師の活動を知る一助となることを願っている。

中島昭子

凡例

1. 本書に収録したテストヴィド神父書簡は、パリ外国宣教会古文書室 Archives des Missions Etrangères de Paris（以下 AMEP）、神山復生病院復生記念館などに収蔵されているフランス語の自筆書簡および印刷された書簡全18通の日本語訳である。各書簡の整理番号などは巻末の解題にまとめた。
2. 全体の構成は、テストヴィド神父の生涯をカトリック教会日本再宣教史の中で理解できるよう、便宜的に時期を分け、各書簡などの間に簡単な解説を付した。
3. 解説に引用した文献は、主にパリ外国宣教会宣教師と神山復生病院の記録によった。主な文献は次のとおりである。なお、その他の「主要参考文献」は巻末にまとめた。
   ①岩下壮一『救ライ五十年苦闘史』(岩下壮一全集第8巻、中央出版社、1962)以下『苦闘史』
   ②神山復生病院百周年編集委員会編『神山復生病院の100年』（春秋社、1989）以下『病院の100年』
   ③ボーデュ（後藤平訳）『静岡県宣教史』（創造社、1965）
   ④松村菅和他訳『パリ外国宣教会年次報告Ⅰ 1846〜1893』（聖母の騎士社、1996）　以下『年次報告』
   ⑤マルナス F.（久野桂一郎訳）『日本キリスト教復活史』（みすず書房、1985）　以下『復活史』
   ⑥『公教萬報』（1881.5〜1885.4）
   ⑦『天主之番兵』（1885.5〜1889.6）
   ⑧『公教雑誌』（1889.11〜1891.7）
   ⑨ "Les Missions Catholiques"（1868.6-）以下『ミッション・カトリック』
   ⑩ Launay, A. "Mémorial de la Société des Missions Etrangères, Deuxième Partie 1658-1913"（Paris, 1916）以下 "Mémorial"
   ①〜③は、貴重な内容が含まれる一方で、年号や出来事について確認できない記述もある。これは「主要参考文献」にある各教会などが編集した年誌の内容なども同じである。
   ④・⑤は、フランス語文献の日本語訳で、宣教師の書簡などに基づいていて、日本における先行研究の史料となっている場合が少なくない。テストヴィド神父書簡からの引用もある。ただし、④の「年次」と当時の宣教年度の関連がはっきりしないため、本書では④に掲載の「年次」に従った。⑤については注102・103参照。

⑥〜⑧は、日本で発行された日本語のカトリック雑誌で、宣教師の活動について当時の情報が掲載されている。ただし、いずれも原書簡と比較した場合、表現の言い換えや写し間違いなどはあるが、逐一の指摘はしない。

⑨はフランスで発行された信仰弘布会の週刊機関誌である。同会については注11参照。⑩はパリ外国宣教会の宣教師名と略歴の一覧である。ここに収録されていない宣教師を含めて、パリ外国宣教会の本部公式サイトでも確認できる。⑨・⑩の日本語訳はない。

4. 書簡などの原注は文中の（　）内に記した。
5. 本書で新たに注を付しているが、原則として日本開国後に関する事柄に限り、巻末に記した。引用などの出典は、書名あるいは論文タイトルとし、書誌情報は凡例3及び「主要参考文献」にまとめた。
6. 書簡文末の mis.ap.、miss.ap.、m.ap はいずれも missionnaire apostolique 教皇庁から派遣される宣教師の、Jap. は Japon すなわち日本の略語である。
7. 外国の人名および国名以外の地名は書簡・解説の初出で原文表記した。
8. 一般的な固有名詞は、原則として現代の表記にした。
9. 日本人信徒の受洗に関する情報で、出典の記載がないものは、カトリック横浜教区の洗礼台帳によった。
10. 幼きイエス会（ニコラ・バレ）は、宣教師書簡や『年次報告』の表記に従って、サン・モール修道会とした。
11. 書簡にあるローマ字表記の日本語（意味がわからない語句を含む）は、書簡ごとに初出で' '内にカタカナで表記した。
12. 書簡などにある語句をわかりやすくするため、適宜［　］に言葉を補った。
13. カトリック教会の用語やラテン語文は、カトリック司祭小笠原優師と松尾貢師の協力を得た。
14. テストヴィド神父書簡の原文と翻刻は、パリ外国宣教会及び神山復生病院の許可を得て、コピーを製本し、パリ外国宣教会、神山復生病院に収めることを2018年以降予定している。

「宣教師の出発」(パリ外国宣教会所蔵)
作者のシャルル・ド・クーベルタンは近代オリンピックの基礎を築いたピエール・ド・クーベルタン(前列で振り向く少年)の父。

第一章　日本再宣教の黎明

1. パリ外国宣教会

　幕末維新期の日本再宣教を独占的に担うことになる、パリ外国宣教会[1]は17世紀にフランスで誕生した。当時、教皇庁は布教聖省[2]を置き、布教保護権を有するスペインとポルトガルから宣教の主導権を取り戻そうとしていた。一方、アジア各地ではキリスト教に対する弾圧が激化し、ヨーロッパ人宣教師は国外に追放されたり殉教を遂げたりしたため、現地の信徒の中から司祭を養成する必要が生じていた。そこで教皇庁は、スペイン人やポルトガル人ではなく、フランス人司祭を派遣することにしたのである。1658年から翌年にかけて、インドシナ半島と中国の代牧区に3人の司教が叙階[3]された。これがパリ外国宣教会の始まりと言えよう。代牧区は正式な教区が設置される前の準教区を指し、代牧区長には司教が任命されることが多い。

　この派遣の特徴は、宣教師を教皇が任命した修道会に属さない教区司祭とし、現地人司祭による教会の自立を目的とした点にある。植民地政策との一体化が指摘されてきた大航海時代の宣教とは異なるものであった。布教聖省は、宣教地の習慣への適応、政治問題への不介入、重要問題の決定は布教聖省にゆだねること、そして司祭を育てるための神学校創設を指示した。そのため特に、宣教師がまず現地の言語習得に力を注いだことに注目したい。

　パリ外国宣教会の本部は、パリ7区バック通り rue du bac 128番地に置かれた。ここに神学校を開き、1664年教皇アレクサンドル七世 Alexandre Ⅶ[4]の認可を受けた。オルセー美術館に近い、高級

住宅街に今もある本部には、出発に際し宣教師がいのちをささげる覚悟を決めた「殉教者の間」もある。

　しかし、その活動は苦難の連続であった。アジアにおいては日本をはじめ現地政権による迫害が、フランスにおいては革命によるカトリック教会への弾圧が、宣教の行く手を阻んだ。18世紀末のカトリック宣教は「危機的な状況」[5]にあり、「消えようと」[6]していたのである。

　19世紀に入ると、中国のアヘン戦争敗北によりアジア諸国の対外政策に変化が生じ、フランスでは信仰復興の動きが見られ、海外宣教に対する使命感も高揚した。宣教師を志す者の数は急増、新たに修道女が加わった。こうして19世紀は「宣教の春」[7]の時代を迎えたのである。全世界のカトリック宣教師は、18世紀末に約300人であったのに対して、19世紀末には61000人[8]にのぼった。そ

現在のパリ外国宣教会本部

のうちの47000人がフランス人だと言う。パリ外国宣教会は、2211人を派遣して、アジア宣教の先頭に立つことになる。日本には20世紀初頭までに200人が入った。

　海外宣教を財政的に支えたのが、20世紀初めまでに50以上設立された宣教事業後援会で、一般信徒の協力により献金が集められた。最も大規模なのは信仰弘布会である。フランス東部の都市リヨン Lyon の女性ジャリコ Marie Pauline JARICOT が週1スーの献金を呼びかけ、絹織物工場の労働者らの賛同により始まった運動を源流として、1822年正式に発足した。異教徒の子どもたちの教育のための幼きイエズス会、現地人司祭養成のための使徒聖ペトロ事業会なども、フランスで始まったことに注目したい。

2. 再宣教までの道程

　カトリック教会による具体的な日本再宣教計画は、1831年に始まる。教皇庁は朝鮮代牧区を置く際に、日本入国を検討するようパリ外国宣教会に指示したからだ。しかし、朝鮮半島における激しい迫害で多くの宣教師が殉教し、日本への道は開かれなかった。

　清がイギリスとのアヘン戦争に破れると、日本でも、異国船打払令が緩和され、薪水給与令が出された。そこで、パリ外国宣教会は、マカオ、次いで香港を拠点として、中国と日本の支配下にあった琉球王国を日本への入り口とみなした。最初の宣教師フォルカード神父 Théodore Augustin FORCADE は、1844年、那覇に上陸し、役人に妨害されながらも日本語を学んだ。日本が開国する10年前に、カトリックの宣教師が鎖国政策を乗り越えたのであ

る。2年後、日本代牧区の設置に伴い、フォルカード神父は初代代牧として司教に叙階されたが、日本行きの手段が見つからないまま、健康を害してフランスに帰った。

　琉球はその後も宣教師の日本語研修地となった。横浜天主堂を建てたジラール神父 Prudence Séraphin Barthélémy GIRARD [19] とムニクー神父 Pierre MOUNICOU [20]、大浦天主堂を建設したプティジャン神父 [21] とフュレ神父 Louis Théodore FURET [22]、日仏修好通商条約締結の際に通訳を務めたメルメ・ド・カション神父 Eugène Emmanuel MERMET DE CACHON [23] らは、琉球で開国を待ったのである。

　同じころ、フランス東部ジュラ県 Jura の小村ディーニャ Digna（サン・クロード教区 Saint Claude）では、教区司祭ロバン神父 Léon ROBIN [24] が、1847年「日本の改宗を祈る会」[25] を設立した。鎖国と

フォルカード大司教

禁教の日本に宣教師が入国できるよう、日本人がキリスト教を信仰できる日が来るようにと毎日祈る信心会である。村人550人のうち450人が創立会員として登録した。周辺の町や村からも入会者があり、1850年の会員は1800人に達した。1852年にフランスの新聞[26]で紹介されると、イタリアやベルギーからも申し込みがあって、会員は3000人を超えた。京都の河原町教会にある「都の聖母」像[27]は、このロバン神父から贈られたものだ。ヨーロッパの人々の祈りが日本を目指す宣教師たちを大いに激励したのである。

3. 横浜天主堂と大浦天主堂

1854年日米和親条約の締結により開国した日本は、1858年欧米5カ国と修好通商条約を結んで、神奈川（横浜）、新潟、兵庫（神

ジラール神父

戸)、長崎、函館を開港し、外国人の居住や外国人のキリスト教信仰を認めた。フランスについては、1858年10月9日の修好通商条約第4条で「日本に在るフランス人自国の宗旨を勝手に信仰いたし、その居留の場所に宮社を建てるも妨げなし」[28]とした。こうして翌1859年9月、琉球で待機していたジラール神父が、フランス総領事デュシェヌ・ド・ベルクール Gustave DUCHESNE DE BELLECOURT[29]の通訳兼司祭として江戸に上陸したのであった。

ジラール神父は同年10月16日日曜日に初めて神奈川を訪れた。[30]以来、江戸と神奈川を往復しながら、教会を建てる準備を進めた。外国人が襲われる事件が頻発していた時代で、危険を伴う活動であったが、ムニクー神父、フュレ神父、少し遅れてプティジャン

プチジャン司教

神父らが琉球から横浜に入った。

　ジラール神父はムニクー神父とともに、居留地80番に横浜天主堂を建立、1862年1月12日、外交官や海軍の兵士が列席して、献堂式が厳かに執り行われた。カトリック教会では、この出来事を日本再宣教の端緒としている。しかし、未だキリシタン禁令下であり、天主堂見物に訪れる日本人に福音を説き始めると、横浜天主堂事件が惹起した。

　ジラール神父がフュレ神父とプティジャン神父を長崎に派遣したのは翌1863年であった。大浦天主堂の献堂式は1865年2月19日に挙行され、ここでも大勢の見物人が集まってきた。その中に、浦上村の潜伏キリシタンたちがいた。そして同年3月17日、彼らが宣教師に代々密かに受け継いできた信仰を告白するという信徒発見の奇跡は起きたのである。これを契機として、九州各地の潜伏キリシタンの多くが宣教師の指導のもとカトリック教会に復帰し、プティジャン神父は日本代牧区長として司教に任じられたが、5年後浦上四番崩れをはじめとする一連の弾圧事件が起きたことは、周知のとおりである。

　1867年江戸幕府は大政奉還を決め、翌年明治政府が成立した。五箇条の御誓文には「智識を世界に求め」と謳われたが、依然としてキリシタン禁令の高札は掲げられ、弾圧も続いた。高札とは、江戸幕府や明治政府の命令を一般の人々に知らせるため全国に立てられた札である。

　欧米諸国は、日本のキリシタン禁令と信徒弾圧に、信教の自由という観点からこれを非難したが、宣教師の本国フランスの抗議は際立っていた。1871年から73年にかけて岩倉使節団が不平等条

約改正交渉の準備のためアメリカ、次いでヨーロッパに派遣されると、各国政府は交渉の前提条件として禁令の撤廃を要求する。特に、フランスでは言論界が大キャンペーンをはり、国民議会がこの問題を取り上げた。これを後押ししたのが、信徒発見の翌年日本代牧区長として司教に挙げられ横浜に着座していたプティジャン司教らの書いた書簡[39]、フランスではエックス・アン・プロヴァンスのフォルカード大司教のフランス政府への働きかけ[40]であった。

　1872年、高名な日本学者パジェス Léon PAGES[41]は、「日本におけるキリスト教徒迫害と日本の遣欧使節団[42]」と題する建議書をフランスの国民議会に提出、「もし日本の皇帝がヨーロッパ諸国との条約を望むなら、その宗教に対して敬意を払い、日本人キリスト教徒に宗教の自由な実践を保証しなければならない[43]」と訴えた。ついに国民議会が日本の宗教問題を取り上げ、一議員が「日本のキリスト教問題は、アフリカの奴隷売買と並ぶ第一級の人道問題である。（中略）人々の熱狂的な歓呼の中で鉄道が開通したという知らせと、イエス・キリストを信じたという罪で執拗な拷問を受けている話とが同じ郵便で着くなどということは信じられない話だ。（中略）岩倉使節団滞在中に、この重大かつ痛ましい問題についてのフランスの意見を聞かせるべきである[44]」と外務大臣に要求した。まさにこの年横浜・新橋間に日本初の鉄道が開通したのである。翌1873年1月、外務大臣は岩倉らとの会談において信教の自由を認めるよう申し入れた。

4. キリシタン禁令高札の撤去

　宣教師の活動と日本人信徒の信仰の妨げとなっていたキリシタン禁令高札を、明治政府が撤去したのは、1873（明治6）年2月24日の太政官第68号布告による。布告には「高札面の儀は一般熟知の事に付取り除すべきこと」とあり、キリスト教信仰を公に認めたわけではないが、翌月流刑地の浦上キリシタンが釈放されたことを考えると、事実上信仰を認めたといえよう。この政策転換に、フランスをはじめとする欧米諸国の抗議が一定の影響を与えたものと考える。

　同じころ、明治政府は、統一的な貨幣制度の導入、6歳以上の子どもが身分に関係なく小学校に通うことを定めた学制、太陽暦の採用、20歳以上の男子に対する徴兵令、現金での地税納入を求める地租改正など、近代国家確立のための政策を次々と実行に移したのであった。ガス灯が街を明るくし、人力車や乗合馬車が走り、ざんぎり頭や洋装が流行り、群馬県の富岡製糸場も開業した。殖産興業・富国強兵・文明開化の時代である。

　1873年3月末、横浜居留地の前田橋にあった高札が取り払われたことを確認したのは、天主堂主任司祭プティエ神父 Alfred Eugène Marie PETTIER で、当時横浜にいたプティジャン司教やミドン神父 Félix Nicolas Joseph MIDON、すでに前年横浜に着いていたサン・モール修道会のメール・マティルド Mère Mathilde をはじめとする修道女たちにそれを伝えた。同会は、来日してまもなく、山手58番に孤児養育施設の仁慈堂を、1873年には外国人

子女教育のためのサン・モール・インターナショナル・スクールを開くなど、パリ外国宣教会とともに日本再宣教初期の活動に大きな貢献をした。また、弾圧を逃れてアジアの神学校で学び密かに帰国していた日本人神学生[51]や移送先の名古屋を脱し横浜に移っていた2人の浦上キリシタン[52]もこの朗報を聞いたに違いない。プティジャン版と呼ばれる教理書[53]の印刷などのために横浜に滞在していたド・ロ神父 Marc Marie de ROTZ[54] も同じであろう。

3月31日午後3時、プティジャン司教は、大阪のクザン神父 Jules Alphonse COUSIN[55] から浦上のキリシタンたちが長崎に向かうのを確認したという電報を受け取り、その日のうちに、パリ外国宣教会香港事務所の責任者であったオズーフ神父 Pierre Marie OSOUF[56] 宛に、パリへの打電依頼の手紙を認めた。電報案には「禁令撤廃、囚人釈放、ローマ・信仰弘布会・幼きイエズス会に連絡せよ、宣教師15名と資金すぐに必要」[57]とある。この喜ばしい知らせを教皇庁と宣教支援団体に連絡するとともに、宣教師と活動資

メール・マティルドたち5人のサン・モール修道会修道女の横浜入港を描いたレリーフ（横浜雙葉学園所蔵）

金を急ぎ送ってほしいという内容である。4月7日、オズーフ神父は案文どおりの電報を香港からパリに送った。

このプティジャン司教の要請に応えて、同年日本に派遣された宣教師は11人であった。まずシャトロン神父 Jules Auguste CHATRON[58]、フレノー神父 Pierre FRAINEAU[59]、ノエル神父 Léonard NOEL[60]が5月7日にパリを発ち、ジャモー神父 Denis JAMAULT[61]、ブロートランド神父 Charles BROTELANDE[62]、ドルアール・ド・レゼー神父 Lucien Frédéric Auguste DROUART DE LEZEY[63]、シュテル神父 Louis SUTTER[64]、ルブラン神父 René LEBLANC[65]、ラングレ神父 Julien Albert LANGLAIS[66]、フォリー神父 Urbain Jean FAURIE[67]、そしてテストヴィド神父の出発は7月2日である。全員20代の若い宣教師たちだ。

オズーフ大司教

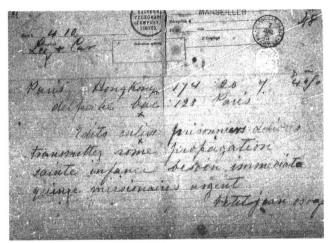

1873年4月7日付、パリ本部宛てに禁令撤廃を知らせる電報（パリ外国宣教会所蔵）
プティジャン司教の電報案をオズーフ神父が打電したため、差出人はプティジャン・オズーフ両師の連名になっている。

第二章 テストヴィド神父、横浜へ（1849〜1877）

横浜天主堂

1. テストヴィド神父の誕生

セーヌ川の支流マルヌ川の上流、フランス東北部のオート・マルヌ県 Haute Marne ラングル教区 Langres にティヴェ Thivet という小村がある。1849年10月2日、テストヴィド神父は、父ジョゼフ Joseph と母マリ・レーヌ Marie Reine の子としてこの村で生まれた。当時の人口は約400人という。古代ローマの遺跡が残る歴史の古い村で、18世紀に完成した教会堂がある。この教会の主任司祭は、1860年、聖フィロメヌ[68]の巡礼を行った。後年、テストヴィド神父が御殿場で最初に建てた教会をこの聖女にささげたのは、故郷の思い出と無関係ではなかろう。

ティヴェから南へ約22キロのラングルは、同県の主要都市の1つで、古より交通の要衝にあり、商業によって栄えるとともに、12世紀に建造されたカテドラルのある司教座都市である。同教区は多数の宣教師を輩出していることでも知られている。テストヴィド神父は、この町の小神学校、大神学校で学び、1872年10月2日、パリ外国宣教会に入会した。翌年6月7日、ドルアール・ド・レゼー神父らとともに司祭に叙階され、直ちに日本に向けて旅立ったのである。宣教師は本部内にある殉教の間でいのちをささげる覚悟を固め、祖国フランスには戻らない決意で礼拝堂での出発式に臨んだという。

2. 日本への旅 —— 第1書簡

　1873年7月2日フランスを発ったテストヴィド神父らの日本への旅は約7週間かかった。日数から推測すると、1869年に開通したスエズ運河から紅海、インド洋からシンガポール、香港、上海経由の行程であろう。航海の間は英語の学習に勤しんだようだ。香港などイギリスが支配していた地域での活動を円滑に進めるために、またアジアにいる英語圏のカトリック信徒の司牧のためにも、英語での意思疎通が必要であると考えられていたからである。

　本書で紹介するテストヴィド神父の第1書簡は、英語で書かれている。上海・横浜を結んでいたフランスの汽船マンザレ号[69]上から、1873年8月20日付でダレ神父 Charles DALLET[70] 宛に送られた。ダレ神父は、インドなどで活動した経験のあるパリ外国宣教会

テストヴィド神父

の宣教師で、テストヴィド神父と同じラングル教区出身、グノー Charles François GOUNOD[71]が作曲した「宣教師出発の歌」の作詞を手がけてもいる。

　当時ダレ神父43歳、テストヴィド神父23歳。横浜到着を2日後に控えて、後輩から先輩に宛てた短い手紙である。想像するに、ダレ神父がその豊富な経験に照らして、英語の習得の重要性をアドバイスし、テストヴィド神父は学習の成果を知らせたのではないか。船旅の途上初めて訪れた中近東から東南アジアにかけての印象を伝えようとしているようだ。

第1書簡

マンザレ号上　1873年8月20日

ダレ神父様

　母国語のように容易に英語を話せるわけではありませんが、この言語で私の旅の報告をさせていただく決意をしております。あるいはあなたに理解していただけないこともあるでしょうが、私は信じ、あえて申し上げます。「あなたは私が何を言おうと、寛大であられる」と。あなたは常に僕（しもべ）に優しく辛抱強くていらっしゃいましたから。お約束ください。私の報告に気を悪くなさらないで、率直に語らせてくださることを。

　初めてのことでございます。荒廃と破壊に満ちた中にある東の国々を目にするのは。故郷のように整った町や村もなく、人々を楽しませる小鳥たちが歌える青々とした樹木もありません。ただ

薄暗い洞穴や灌木の茂みだらけの高地です。そこ以外は確かに世界で最も心引かれる国々ですが、住民の振る舞いは私たちほど洗練されておりません。

　私は何も思い悩むことなく、前に進み、なすべきことをたゆみなく続けたことでしょう。私がもっと学んでいたならばと考えています。私がどれほどあなたに喜んでいただきたいかご存じでしょう。しかし、言葉が足りず、言うべきことを表現できません。これから先も、ご辛抱ください。私が学んでいるこの言語できっと理解し合えるようになります。しばしお待ちいただきたく存じます。私は元気です。

　神があなたを守ってくださいますように。キリストにおけるあなたの僕。

G. テストヴィド
mis.ap.Jap.

3. 横須賀から横浜へ ── 第2書簡

　テストヴィド神父は、1873（明治6）年8月22日横浜に上陸[72]した。最初の任地は横須賀であった。横須賀には、幕府が開いた造船所[73]があり、お雇い外国人のフランス人技術者が40人ほど居住していたので、1866年、聖ルイ聖堂[74]が建立され、司祭館もあった。明治政府の誕生とともに、江戸幕府と親密な関係にあったフランス人の影響力は次第に弱くなっていくが、造船所には責任者ヴェルニー François Léonce VERNY[75] や植物学者としても名を馳せた医師サヴァティエ Paul A.L. SAVATIER[76] らがいて、テストヴィド神父

は司牧にあたるかたわら、日本語を学んだのである。

　従来の研究では、この横須賀滞在は2年程度ではないかと考えられてきた。しかし、1874年5月付アルンブリュステ神父 Henri ARMBRUSTER宛の第2書簡から、同年横浜天主堂に戻り、プティジャン司教の秘書や使用人へのカテキズム指導などを務めていたことがわかる。もちろん横須賀と兼務していた可能性は否定できない。

　アルンブリュステ神父は、長崎・函館・新潟・東京などで活動したが、1874年テストヴィド神父と入れ替わりに、日本地区顧問としてパリ外国宣教会本部に呼び戻された。本書に収めたテストヴィド神父書簡のうち、宛先が明記されていないものも含めて、半数程度がアルンブリュステ神父宛と考えられる。

横浜天主堂跡碑

この第2書簡は、同年3月離日したアルンブリュステ神父が、パリに戻ったころに届いたのであろう。東京のマラン神父 Jean Marie MARIN[80] や新潟のエヴラール神父 Felix EVRARD[81] 宣教師の動向、東京の教会建設予定地などについて書かれている。2人が同じラングル教区の出であるからか、アルンブリュステ神父の帰国を悲しむ信徒イシサキ[82]の様子、故郷の知人や家族への伝言など、文面から親しいことが伺える。

　文中にある横浜天主堂の鐘楼は、1874年フランスのダリュ伯爵 Napoléon DARU[83] から寄贈された鐘を取り付けるため正面入り口の上に建てられ、同年8月10日に祝別式が執り行われた。度重なる火災や戦火にもかかわらず、この鐘は現在も山手カトリック教会に受け継がれている。日本カトリック教会の貴重な遺産である。

　ドラボルド神父 Ludger DELABORDE[84] はラングル教区出身で、中国で活動したパリ外国宣教会宣教師である。横須賀の建築家長ジュエ氏 E.A.JOUET[85]、シルー氏 CHIROU[86] とガルニエ神父 GARNIER[87] についての詳細は不明である。

第2書簡

　　　　　　　　　　　　　　　　横浜　1874年5月

親愛なるアルンブリュステ神父様

　日本にいられなくなった悲しみは、少しは和らいだでしょうか。そうであるよう願っています。それでも、あなたの関心を引くようなニュースをお伝えし、［悲しみを］もっと和らげてさしあげた

いと思います。とりあえず、私に関することのみお知らせいたします。日本の上層部で起こっていることは、偉い方々にお任せいたします。

　あなたの出発後、しばらくの間、マラン神父の側にいました。しかし、私の江戸滞在の主な目的は神学校[88]でフランス語を教えることでしたが、それは日の目を見なかったので、もはやこれ以上留まる理由はありません。そのうえ、マラン神父は、別れが近いと言葉を変えて言いました。そのときエヴラール神父が新潟へ戻るよう要請されたので、また横須賀は1人になってしまいました。それで、私は元の任務に就くよう呼び戻されました。こうして私は再び横浜の住民になりました。いつまででしょうか。それは、神のみぞ知るです。

　それがすべてではありません。そのうえ、［プティジャン］司教から家のボーイにカテキズムを教える任務を与えられました。それに加えて司教座教会［横浜天主堂］香部屋の上席管理者、司教の秘書、英語の生徒としての任務など。敬虔な信徒が言ったように、私は昇進したのです。しかし、私はあえて触れません。誰も何が起こるかわかりません。私自身新たな任務は気に入ったかといえば、人間的には否ですが、信仰の目で見れば大いに気に入っていると言えるでしょう。まったく予想していませんでしたが、これでよかったのです。

　あなたは、神学校の要員が、その権利を誰よりも主張するドルアール［・ド・レゼー］神父によって、1人増員となったことをご存じでしょう。ラングレ神父は、マラン神父のところに行きました。しかしながら、今後彼は1人で生活すると言葉を尽くして宣

誓していたにもかかわらず、相変わらずマラン神父のもとなのです[89]。

　以前からのキリスト教徒が来ました。改宗後は、どちらかといえばうまく行っていなかったのです。'イシサキ'のことです。彼はあなたを熱狂的に尊敬しています。彼は、あなたが'ダイ イチ バン ヨイ ヒト'［第1番良い人］である、と主張しています。これに対して私は、まず'セイガタカク アリマセン'［背が高くありません］、次いで'カミノケタント アリマセン'［髪の毛、たんとありません］、最後に'メ ガ ワルイ'［目が悪い］と少々反論しました。彼は激怒し、すごい勢いで私に飛びかかり、倒れそうになりました。周囲が笑いに包まれたかどうかは、ご想像にまかせます。彼は私を罵りながら、あなたが'ダイ イチ バン ヨイ ヒト'であると繰り返しながら去っていきました。このことに異議は唱えませんが、彼は頭が少々おかしいからこんなことを言うのではないかと思いました。

　横浜のために、前から計画されていた鐘楼の建設を、すぐに進めます。教会堂のための江戸の土地問題は、ほぼ解決しました。その他のニュースについては、新聞のほうが詳しいでしょう。

　シルー氏によろしくお伝えください。また横須賀に水力事業の技術責任者ジュエ氏を派遣してくださり、感謝しているとお伝えください。彼は、宣教師たちの友人であり、彼もそれを認め、証明しています。彼のご家族の到着が待ち遠しいです。ルトロレ神父は次の便船で出発します[90]。

　ダレ神父にもよろしくお伝えください。彼に英語でお便りすると約束しました。約束を遅らせたくありませんが、旅行中に始め

た英語の勉強を今のところ中断しているので、まだしばらく待っていただくことになるでしょう。それに、2通目の手紙が、最初のものより劣っていてはいけません。ところで、ドラボルド神父ですが、どうしていらっしゃるでしょうか。私が出発してから、何も聞いていないのです。

　特に、神学校校長に、私のためにしてくださったことを、今も将来も決して忘れませんとお伝えください。近いうちに手紙を書くつもりです。

　この小さな十字架を宛先に届けてくださるようお願いいたします。これは、資金に困っている私を大いに助けてくださった方々へのささやかな感謝の印です。

　この手紙の到着を待たずに、私の家族の近況をお知らせくださることを期待しています。待ち焦がれています。

　では、また近いうちに。この日本の地に残していかれた者たちを、特にお便りする者[テストヴィド神父]を忘れないでください。その者は、特にそのような権利があると思いますので。

　私たちの主にあって。

G. テストヴィド
Miss.ap.jp

　お送りする2つの十字架のうち、1つはラングル小神学校のガルニエ神父に、もう1つは、サン・ディジエ Saint Dizier の副院長である、デポワイヨー神父にお届けください。[91]

36　第二章　テストヴィド神父、横浜へ（1849〜1877）

このころ、日本代牧区の宣教活動は、禁令高札の撤去や浦上キリシタンの帰村を見たものの、必ずしも進展してはいなかった。200年を超える禁教政策によって根づいていたキリスト教への偏見が払拭されたわけではなく、九州地方の潜伏キリシタンがカトリック教会に帰正した例を除いて、宣教師たちは開港場を拠点に新たな迫害を警戒しつつ、状況の見極めに力を注いでいた時期である。

　それでも、1874年、長くプティジャン司教を助けてきたロケーニュ神父 Joseph Marie LAUCAIGNE [92] が日本代牧区補佐司教に任命され、東京に築地教会仮聖堂が建てられた [93]。また、サン・モール修道会の横浜修道院が完成し、孤児や貧しい家庭の子どもたちの教育を引き受ける菫女学校も始まり、マラン神父は静岡県の沼津に近い松長で宣教活動を行った。他方、横浜の司祭館が年末に焼失し、主任司祭プティエ神父はミドン神父に留守を託して、アメリカ・ヨーロッパに資金を集める旅に出た。九州では、「内乱、外国との戦争準備、多くの犠牲者を出した伝染病、多くの住居を崩壊した烈しい台風」[94] が襲い、宣教師と信徒を苦しめていた。

　翌1875年、東京に神学校の土地を得、サン・モール修道会は孤児院を開設するなど、福音宣布のフィールドは徐々に広がり、プティジャン司教は、将来的な代牧区分割や修道会招聘の検討など、さらなる活動の発展を視野に入れていた。同年10月、司教は日本代牧区の分割要請のためヨーロッパに向かった [95]。

　板垣退助らの自由民権運動が始まり、明治政府が清朝に琉球王国の放棄を迫り、江華島事件で朝鮮と交戦した時期であった。

4. 横浜から八王子へ ── 第3書簡

　1876（明治9）年5月22日、教皇庁は日本代牧区を近畿以西と中部以東で南北に分割を決めた。南緯代牧区長にプティジャン司教が、北緯代牧区長にオズーフ司教が任命された。オズーフ司教の叙階は、翌年2月パリ外国宣教会本部の礼拝堂において、日本の初代代牧で、当時はエックス・アン・プロヴァンスのフォルカード大司教が執り行った。プティジャン司教は大阪に、オズーフ司教は横浜ついで東京に司教座を置いた。

　各代牧区には、それぞれ20人の宣教師がいて、サン・モール修道会は横浜で、ショファイユの幼きイエズス修道会[96]は神戸で活動していたが、働き人は相変わらず不足していたようだ。横浜・東京を中心とした北緯代牧区は、北海道から岐阜までの広大な地域を擁することになった。

　テストヴィド神父は北緯代牧区に属し、横浜天主堂を拠点とする居留地内外の宣教にあたっていた。しかし、残念ながら1874年5月付第2書簡と1877年12月31日付第3書簡の間の3年半に書かれた書簡は見当たらない。そこで他の記録からこの時期の活動を追ってみたい。

　『年次報告』（1876年）によれば、テストヴィド神父は「サン・モール修道女会の協力を得て、新信者の共同体をつくったが、これは順調に成長し」[97]ていたという。「新信者の共同体」の詳細はわからない。プティジャン・オズーフ両司教がヨーロッパから着任する前、すなわち北緯代牧区設立直後のこの時期、横浜ではテ

ストヴィド神父とサン・モール修道会とが、ミドン神父とともに、キリスト教に関心を寄せる人々にカテキズムを教え、洗礼を施し、福音の種を蒔いて、成果を上げていたのであろう。その活動は居留地の外の日本人の暮らす地域にも広がっていたようだ。この点については、第4章3. 芝生村天主堂と若葉町教会で詳述する。

サン・モール修道会の文献には「1876年の終わりごろには、横浜でも東京でもそれぞれ40人ほどの子どもを預かるようになりました」[98]とある。来日から4年、修道会の活動が、横浜や東京における宣教の一翼を担うものとなっていた。

テストヴィド神父が出会った人たちの中に、商用で横浜に来ていた八王子壱分方出身の山上卓樹[99]と山口重兵衛[100]がいた。1877年、熱心に教えを請う彼らの求めに応じて、神父はこの村に赴いた。当時神奈川県に属していた八王子は、甲州街道で東京や甲府とも結ばれていて、主要な輸出品であった生糸の中心的な集荷地として栄え、横浜への街道はシルクロードと称されるほど人と文物が行き交っていたという背景がある。そのうえ、横浜から10里［40キロメートル］以内の外国人が自由に行き来できる遊歩地域内に位置していた。

最初の訪問からテストヴィド神父は村人に歓迎された。マルナス司教[102]の『復活史』[103]には、「求道者たちは1里以上もの距離を彼に会いにきた。彼がこの町に滞在中に泊まっていた家は、朝8時から夜11時まで宗教について彼と話し合うためにくる日本人でいっぱいだった。彼に真剣に教えを受ける人が54人いた。6家族はすでに彼らの偶像を我が主の像と取り替えた。これらの最初の成功は、八王寺の隣村［壱分方］にある小さな学校を受けもっている

伝道士［カテキスタ］[104]の努力のおかげだった」[105]とある。このカテキスタはテストヴィドから受洗した山上卓樹であろう。彼は、村内に横浜天主堂の分社を置き、学校も開いて宣教師を招いたのである。「聴衆は雲の如く集まり」[106]というほどであったという。

　テストヴィド神父の活動範囲は、横浜・横須賀・八王子であり、次の1877年12月31日付アルンブリュステ神父宛の第3書簡に見えるように、多忙な日常を送っていた。「手紙を書こうとすると、必ず急用ができる」のである。しかし、故郷の両親に贈り物や信仰弘布会の機関誌『ミッション・カトリック』が届くよう依頼しているところに、息子としての思いが感じられる。

第3書簡

横浜　1877年12月31日

親愛なるアルンブリュステ神父様

　まず新年のご挨拶とご無沙汰のお詫びを申し上げます。ご無沙汰は本意ではないことをご理解ください。

　真剣に手紙を書こうとすると、必ず急用ができるのです。プティエ神父の大きな箱の中にある中国茶の箱を、新年の贈り物として両親に送ってください。住所をお忘れではないと思います。ノジャン・ル・ロワ Nogent le Roi 経由ティヴェ、ジョゼフ・テストヴィドです。また、父のために『ミッション・カトリック』の購読料を私の経費で支払ってください。

　私たちの主における心からの愛をこめて。

G. テストヴィド
m.ap.

　このころ、日本国内では、萩の乱や西南戦争などで不安が広がっていた。また、世界に目を転ずれば、インド帝国の成立など、欧米列強による帝国主義が進んだ時代であった。

外国人のための「内地旅行免状」(パリ外国宣教会所蔵)
本状はジュリアン・ルーソー神父(1864〜1909)のもの。

第三章 歩く宣教師——神奈川県全域（1878〜1880）

第一八號

外國人內地旅行免狀

國籍 佛蘭西
姓名 ジュリヤン・シュードメール Julien Baudreau
身分 宣教師
寄留又ハ發程地名 函館

右ハ明治十二年一月十二日ヨリ向フ
一箇年間帝國內地旅行ノ儀差許候事

明治十二年一月十二日

外務省

1.　外国人の国内旅行と宣教師

　1858年に日本が欧米諸国と結んだ修好通商条約は、外国人の遊歩区域について取り決めている。遊歩区域とは、横浜・長崎・函館・新潟・神戸の外国人居留民あるいは旅行者が自由に往来できる範囲を言い、それ以外の内地への立ち入りには制限が設けられていた。この区域は開港場からおよそ10里四方で、「横浜の場合、東は六郷川（多摩川）までとされ、西は酒匂川、南は三浦半島の半ば、北は八王子、日野あたりまで」[107]である。

　外国人が内地を通行する場合、外交官やお雇い外国人などを除いて、明治政府の許可を得る必要があり、横浜では、箱根・熱海などへの病気療養のための旅行は認められ、県が免状を交付していた。しかし、日本に駐在する欧米諸国公使は、商用などのために外国人の旅行の自由を求めて、明治政府との交渉を重ねた。この結果、1875年、病気療養・学術調査などを目的とする場合には、外務省が新たに「内地旅行免状」を発行することにしたのである。この免状には、氏名、国籍、身分、旅行の目的と期間などが明記され、旅行後の免状返納、日本人との売買取引の禁止、家屋の賃借や寄留の禁止といった心得が付されていた。

　このような内地旅行に関する制度は、手続き上の若干の変更があったものの、おおむね1899（明治27）年の条約改正まで続いた。その間の特筆すべき変更は2点ある。1878年に遊歩区域内であれば民家にも外国人を宿泊させることが認められたこと、そして翌1879年に「遊歩区域外においても、病気その他やむを得ない理由

があった場合には旅館以外に宿泊することが許可」されたことである。他方、1888年の「旅行経路記載の厳密化」、1889年の「鉄道駅での取り締まり強化」など、規制が厳しくなった側面もあった。

キリスト教の宣教師は、免状を取得して内地で活動した場合と、免状を持たずに宣教に出た例とがあるようだ。免状があっても、原則として療養や研究の目的に限られていて、宣教活動は認められなかったのではないか。ところがこの問題が表面化し、各県から外務省に問い合わせがあると、外交問題に発展することを危惧して、黙認されていた例もあった。ただし、集会開催、頻度の高い訪問などについては、ある程度取り締まりが行われたと考えられている。

パリ外国宣教会の宣教師も、外国人居留地の教会堂を拠点に、長崎では、1865年の信徒発見後、その年のうちに遊歩地域外である外海に、2年後には五島に、司牧のため密かに赴いていた。しかし、横浜では、前述のマラン神父のように、宣教師が遊歩地域を超えて活動した例がどの程度あるのかわからない。1874年、プティジャン司教は「条約を侵して、この興味深い帝国の内部に入っていこうとすることは、当面の間、聖座の与えた賢明な考えに反することであると同時に、なんの益もなく、ただ状況を悪化することであろう。たぶん新たな迫害に口実を与えることになるかもしれず」と考え、内地への宣教の機会をうかがっていた時期であったのではなかろうか。

内地旅行の条件緩和に伴い、北緯代牧区でも居留地や遊歩区域外への宣教が行われるようになった。村から村へ、村から町へ移動して活動した宣教師は、巡回宣教師あるいは歩く宣教師と呼ば

れる。鉄道が整備されていない時代のことで、多くの場合、移動は徒歩、1日に40キロメートルを歩くこともあったからである。カテキスタを連れ、あるいは知り合いを頼って、村や町を訪れ、数日間滞在して、個人の住宅や旅館などを借りて人を集め、教えを説く。日本式の生活にも、日本語にも、外国人やキリスト教に対する差別や偏見にも、苦労を重ねたに違いない。その中で、拠点となる家や部屋を手に入れ、その地の信徒の中からカテキスタが与えられれば、次の巡回までの運営を任せるという手段がとられた。可能であれば、学校を開く。いずれ教会を建てることを目指すが、実現には数多の困難があったことが容易に察せられよう。

　カテキスタの存在はこうした宣教師の活動に不可欠で、共に巡回をする場合と、宣教拠点に定住する場合とがあった。彼らを養成するために、東京に学校が始められた。「現在各地で働いている伝道師［カテキスタ］たちを、幾人か東京に集めて、集会を行うこととする。彼らに共同の黙想会を行わせ、彼らが皆多かれ少なかれ必要としている教えについての知識をさずけるためである。毎年二つの時期に分けて、伝道師を半数ずつ集め、こうした集会を催す計画で」あった。

　こうして、居留地に最初に建てられた教会を拠点とする歩く宣教師の活動が始まったのである。

2. 小田原へ ── 第4書簡・第5書簡

　1878（明治11）年、8月の築地教会献堂をはじめ各地に教会建設が続いた。また5月には、シャルトル聖パウロ修道女会が来日して、函館に入った。オズーフ司教は東北地方と北海道地方の宣教拠点設置に力を注ぎ、宣教師の増援をパリ本部に度々要請している。日本全体の信徒数は2万人に迫ったが、長崎を中心とする九州地方に多く、北緯代牧区は2164人であった。それでも前年の1235人と比べると著しく増加したといえよう。

　さて、テストヴィド神父は、同年3月八王子の壱部方村にオズーフ司教とヴィグルー神父 François Paulin VIGROUX を迎えた。彼らは村に一晩滞在し、カトリックの学校で何度もカテキズムを教え、洗礼式も行った。この様子を綴ったオズーフ司教書簡から、前述の山上卓樹が提供した土地に建てられた聖瑪利亜教会の献堂式のために訪問したものと考えられる。

　『年次報告』（1878年）によれば、テストヴィド神父を含む「横浜の宣教師たちは市内と周辺とにキリスト信者共同体の拠点をいくつかつくることに成功し」た。また、「しばらく前から1人の宣教師がもっぱら国内の諸所を回って、カトリックの教えをより多くの人に知らせ」るようにもなった。この最初の巡回宣教師はヴィグルー神父であるが、テストヴィド神父も2人目の巡回宣教師として実質的な活動を開始した。『復活史』には「1879年、（中略）2番目の宣教師のテストヴユイド［テストヴィド］が国内伝道をすることになった」とあるので、正式な任命は翌年であったのかも

しれない。

　テストヴィド神父の次の第4書簡は、1878年10月24日付で、オズーフ司教宛に書かれた十日市場[122]と小田原訪問報告書である。十日市場では、すでにカトリックの学校が開かれていて、村人が熱心に説教に聞き入る様子が生き生きと記されている。八王子への途上立ち寄ったのであろう。小田原には前年に赴いたことがわかる。また、カトリックの学校が複数存在すると書かれているのは興味深い。その途上で訪問したもう1つの村については、不明である。

　どこへ行っても、プロテスタントとロシア正教会の宣教がすでに行われているのを知り、洗礼を受けた者に対してはカトリック教会への回宗を熱心に勧めた。1877年のキリスト教各教派の宣教師は全国合わせて、カトリック45人、プロテスタント99人、ロシア正教会4人であり[123]、各教派とも熱心な活動を展開していた時期である。

　横浜開港後に、プロテスタントの宣教師として、1859年にアメリカ長老教会のヘボン James Curtis HEPBURN[124]、オランダ改革派のブラウン Samuel Robbins BROWN[125]、1860年にバプテスト派のゴーブル Jonathan GOBLE[126]、1861年にオランダ改革派のバラ James Hamilton BALLAGH[127] が上陸した。1872年最初のプロテスタント教会日本基督公会[128]が設立され、高札撤去後は宣教師も教会もその数が増えた。開港場から県内への宣教活動も、カトリック教会と同じように、八王子方面のシルクロード、東海道筋、横須賀などに向かった。日本人の改宗者を伴うケースが少なくない[129]。書簡中のバラも静岡方面で活動していたが、「彼がアメリカに出発

してしまうと」は詳細不明である。

ロシア正教会の司祭ニコライ Nikolai[130]は、1861年函館に入り、1872年東京に拠点を移し、1874年には正教神学校を設立、日本人の伝教者すなわちカテキスタを育成して、全国に派遣した。例えば小田原については、1878年に伝教者2人、信徒137人を数えた[131]。次の書簡には「150人」とあるから、かなり正確な情報をつかんでいたことがわかる。

第4書簡

横浜　1878年10月24日

司教様

相模国での最近の旅行は、いくらかの期待を抱かせ、この国を荒廃させる離教者［正教徒］と異端者［プロテスタント］に関する情報を得る機会となりました。司教様にすべてご報告申し上げます。

十日市場の小さな村には、カトリックの学校がありますが、先月は大雨に苦しめられました。'センセイ'［先生］（原注 学校の教師や医師の尊称で、先に生まれたとか最初に生まれたという意味）は、最も苦難を経験した犠牲者の1人でした。水田の大部分が激流の底になってしまいました。異教徒は、災害が'カミ'［神］（諸国の神）の報いであると必ず言うのです。学校の先生は彼らの口を閉ざし、その瓦礫から復興できると思えるように、彼の月々の手当てを100ピアストル[132]（原注 ピアストルの価値は、為替のレートによって、4

フラン70から5フラン70である）に引き上げるよう求めました。この要求を聞き入れなければならないとは思いませんでした。来年から少し給料を上げると約束し、苦しみを和らげるためにお見舞いの時計を贈りました。幸いにもこれで落ち着いています。

　教育は、私が望んだようには進みませんでした。それには2つの理由がありました。まず、そのとき農民はとても忙しかったこと、そして悪魔も'セッキョウ'［説教］（原注　教義あるいはカテキズムの説明）をしていたようだったことです。彼らは、紛れもなく私よりも頻繁に行っています。踊りの一団が十日市場の小さな

第4書簡（部分）

町に現れました。観客［村人］全体が抱いた印象は、驚愕の一語に尽きます。今まで、経験したことがありませんでした。80歳くらいの年老いた女性に出会いました。日本人の言い方で耳が遠いのですが、その心はまだ健全で、開かれた知性の持ち主でした。また彼女に会いに行こうと思います。

　最近立ち寄ったところで、宗教を理解しようとしている田舎の男性と知り合いになりました。私が次に訪問するときに何か準備しようと約束していました。彼は約束を守り、私が到着するとすぐに、村長にその計画を伝えました。それで、村役場で私がカテキズムの話をすることになりました。この村より好意的なところはありません。

　私は、この村を予定どおりの時間に訪問しました。田園を横切ると、誰かがほら貝を力いっぱい吹くのを聞いて、驚きました。案内人にその理由を尋ねました。知らなかったのですが、このようなやり方で休日や仕事のない祭日を知らせるのが、少なくとも田舎における日本の習慣なのです。その合図があるとすぐに、皆が仕事を止め、家に戻ります。習慣が法としての力をもち、義務として休むのです。ほかに村が決めるものもあります。とにかく、この合図を気にかけない人はいません。

　村役場に着いて驚いたことには、この合図は私の訪問を知らせるものであったのです。10数人がすでに集まっていました。少しずつ集まってきて、40人から50人になりました。型どおりの挨拶のあと、村議会議員が使っている村の共有物と思われる巨大な'ヒバチ'［火鉢］（原注　木製の四角い箱で、喫煙者が使う火のついた炭が灰の上に置いてある）の前に、私は座りました。そして、2回カ

テキズムをしました。休憩時間、隣に座っていた人が、私に新鮮な卵3つ、塩、小さな棒［箸］を持ってきてくれました。生卵は好きでありませんが、褒美なしで1杯の冷たい水を提供した人を見過ごさないと約束された主が、この異教徒にも報いてくださるようにと祈りつつ、お礼を言いました。

　彼によれば、鉄は熱いうちに打て、つまり人々が受け入れる気持ちを大切にすべきであるというのです。彼らの仲間が宗教により多く期待し、感謝するようになるには、神奈川‘ケン’［県］（原注　この国の行政区分で、フランスの県にほぼ相当）の複数の村にすでにあるような無料の学校を開くのがよいと助言してくれました。学校の月謝を払えない貧しい親は、子どもたちのために集会に来て、彼らを逆境から救い出す教義をすぐに受け入れるでしょう。つまり、八王子の出来事と同じです。

　同じように、火に水を注がないよう細心の注意を払うとともに、できる限り彼らの関心を引きました。司教様にご報告し、状況が整ったら直ちに学校を開校すると約束しました。

　無駄に過ごす時間はありません。御父の敵[133]が、よい種の中に毒麦を植えています。私がお話した日本人の情報をもとに、できるだけしっかりとした拠点を定めようと探し始めてそろそろ1年になる小田原で、ロシア人［正教徒］とプロテスタントの動向を知りたかったのです。案内人と一緒に小田原から約2里の小さな村を訪問しました。そこで、案内人は、同じ理由で多くの苦労をしている日本人を知っていると言っていました。島原という名の村に到着すると、案内人が会合の準備をし、宗教について話し合えるようにする間、私は人里離れた場所で自分の鞄の上に座って、

よいように計らってくださいと守護の天使に祈りました。案内人は15分ほどで戻ってきて言いました。「遅すぎた。手に入れるのは難しいようです。春以降、ロシア人［正教徒］から受洗して、村全体がその教派の影響を受けているかもしれません。私たちは、もう1年早く来るべきでした！」

　彼の言葉を聞いて悩みましたが、私は気を落とさずに出かけました。部屋の中で最初に見たのは、良き羊飼い［イエス・キリスト］の絵だったのです！ と同時に、このキリスト教徒の表情に、際立った何かを見いだしました。洗礼の恵みによって、心から改宗した良き信仰の魂であることは明らかでした。彼は敬虔な様子であったといっても過言ではないでしょう。私は感動しました。その魂は私を引きつけたのです。

　できる限り優しく、彼を傷つけたり、失望させたりしないように十分に配慮して、私は教会の一致、教皇の首位権の問題に話をもっていきました。彼は静かに頭を下げて私の話を長いこと聞いていました。私が話し終わると、彼は大きく十字を切り、私に感謝したようです。彼は、真実は聖ペテロの後継者側［カトリック教会］にしかないのではないかと思っていたと付け加えました。彼は次の旅行のときに、横浜に会いに来ると約束しました。

　彼の村で、小田原のカテキスタが主宰した会合があり、11人から13人が参加しました。3人がすでに洗礼を受けていました。ほかの2人は近日中に洗礼を受けるはずです。

　戦いに勝つ大切な条件は敵の位置をよく知るということですから、私はロシア人［正教徒］の進出についての情報を得るため、小田原まで行きました。かつて離教者［正教徒］が建てた建物の

大黒柱のような存在であった日本人に、宿泊所まで来てもらいました。そこで、一晩中、戦いに役立つ情報を集め、説教ができなかった埋め合わせをしました。ですから、この情報を司教様におゆだねいたします。

　ロシア人司祭は日本に4人いますが、聖職についた日本人に何も話しません。彼らの長であるニコライ司祭は、カテキスタを100人日本中に配置しました。江戸にある彼の神学校では、50人のカテキスタを目指す者たちと68人か78人の学生が西洋の言語を学んでいます。第1課程は約1年間です。第2課程は5年間勉学に励みますが、その中の何人かがカテキスタの仕事のための言語習得を諦めてしまうのは珍しいことではありません。実際、募集方法は2通りあります。学生自身が自分から志願し、試験を受けて入学する、または、すでに存在するキリスト教徒集団から学生が派遣されるのです。特に、小田原からは3人の学生がいます。

　このような人のための必要経費は莫大です。ニコライ司祭が新改宗者から受け取る助成金に加え、彼は月に2000ピアストル以上を使っています。すなわち、日本の北部［北緯代牧区］のすべての部署の合計額より多いのです。場所や人々の状況により、カテキスタは完全に自腹を切るか、あるいは個々の教会の経費補助を受けています。報酬は、カテキスタの立場と状況によって異なります。平均すると、独身の場合、月に6から7ピアストルでしょう。既婚者は、さらに4ピアストルが支払われ、子どもが1人生まれるごとに、父親の収入に3ピアストル加えられます。こうして、毎月15から16ピアストル、またはそれ以上の額を得ているカテキスタもいます。しかしながら、すべてがバラ色ではありま

せん。毎年、平均して4人か5人が不祥事を起こし解雇されています。カテキスタの問題は重大です。'ヒドイ モンダ'［酷いもんだ］。これが彼の陣営の状況です。彼らの生まれ故郷で働かせないというのが大原則です。そこでは、彼らはよく知られていて、尊敬されないからです。

　ニコライ司祭の目的は、函館から長崎までの主要な街道にある人口の多い町に、働き手を配置することです。南緯代牧区には今までのところ2カ所のみです。彼のキリスト教徒［正教徒］は3500人いて、そのうち150人が小田原にいると思われます。

　これが、日本全体および小田原にいるロシア人のキリスト教徒［正教徒］に関して私が得た情報の要約です。プロテスタントのことは話していませんが、バラとかいう人物のところに20人ほどのよく順応した人たちがいるようです。しかし、彼がアメリカに出発してしまうと、彼らは世話をしてくれる者のいない羊のようにさまよい、どうしてよいかわからなくなってしまうのです。

　最近の報告に、小旅行の経験が日に日に確かなものになっていると書きました。勝負は早い者勝ちです。捨て難い異端のわずかな真実に心を動かされている良き魂の人々を立ち戻らせるのは難しい。仏教と縁を切るのは、彼らにとって非常につらいことだったのです。そして今まで真の宗教と信じていたのに、またやり直さなければなりません。その良き魂の持ち主たちは、カトリックの教義について不完全な知識しかありませんが、同じ神を崇めているのですから、救済できるでしょう。この傾向は誤謬の持ち主によって驚くほど見られるのです。したがって、宣教者やカテキスタの道に進む準備をする誠実な善意の人を集めるためには、私

はもっとたくさん旅をしなければなりません。これら3つの要素が1つになり、（神の御加護、割り当て分よりもっと多くの財源があれば）勝利は確実です。たった1人の宣教師では、仕事が十分にはできないでしょう。言葉について大袈裟に誉めてもらいましたが、「それでも、まだ真の日本語ではない」と言われました。

　司教様、心からの敬意をお受け入れください。

　謙虚で従順な宣教師。

G. テストヴィド
m.ap.

　この第4書簡の5カ月後に書かれたのが、第5書簡1879年3月26日付のアルンブリュステ神父宛である。当時テストヴィド神父の担当地域は神奈川県全域で、横浜・横須賀・小田原・八王子の4地域に分けて巡回していた。各地域にカテキスタの定住を望んでいたが資金面で厳しく、他教派との競合にも不安を抱いていた様子が伝わってくる。

　しかし、1879（明治12）年1月には、小田原の内田鉄次郎宅の2階を借りて宣教拠点とした。テストヴィド神父、士族出身の細渕源一郎[134]と山中孝[135]、3人連名の「御届書」があると小田原教会の文献にある。[136]

　担当地域に学校が8校あるという。そのうち2校は、前述八王子の壱部方とその途中の十日市場であろう。

　また、本書簡が書かれた3月は、横浜の同僚宣教師たちが不在であったため特に多忙であった。同月に挙行された大阪の川口教会献堂式[137]のためかもしれない。

第5書簡

横浜　1879年3月26日

地区顧問様

　かなり前から、私の活動と成果が期待できる計画についてご報告したいと思っていました。

　私は、神奈川県を4分割し、それぞれを1人のカテキスタに任せ、絶えず順番に巡回しています。しかし、不本意ながら横浜にはかなりの時間を割いています。他の3地域の中心地は、横須賀・小田原・八王子です。

　私の狙いは、4人のカテキスタがそれぞれ居を構えた近隣をすべて巡回し、思う存分活動することです。

　それぞれの地域には8つの小さな学校を開設し、多少とも盛んです。当初大したことはできませんでしたが、今は以前より充実しています。いくつかの規則を決め、教師の情熱と生徒の進歩がわかるようになりました。

　ご推察のことと思いますが、こうしたすべての活動は予算の支給額ではほとんど賄えません。特に、日本の家賃は高く、月8ピアストル以下でカテキスタまたは'センセイ'を見つけるのは不可能です。私たち外国人にとって相変わらず費用がかさむ旅費の話ではありません。

　これまで、私はいつも手元に月ごとの赤字を補う資金をいくらか準備していましたが、やがては出費項目をいくつか削らざるを得ないと思います。成果が期待できるのにとりかかれず、大変残

念です。横浜は特別な場所で、人数不明のカテキスタを数に入れなくても、プロテスタントの外国人牧師が24人、さらに江戸にいる［正教会］主教が派遣したカテキスタ3人が、絶えず活動しています。こうした外人部隊に対して何をすべきでしょうか。

そうである以上、その影響について考えてください。できる限りこの外人部隊と戦わねばなりません。それには、私よりご存じのはずですが、軍資金すなわちお金が要ります。宗教戦争には、どうしても必要です。ですから、あなたが自由に使える余剰金を個人的に送金してくださるか、私の活動に興味を抱いてくれそうな人物を選んでいただきたいのです。

詳しく書きたいのですが、司教様も 代牧区長代理も宣教会事務所責任司祭も不在で、私が教会のことすべてに携わっているため、時間がありません。大阪の儀式について詳しいことは、まだわかりません。しかし、封をするときに入手した明細書を2つ同封いたします。

親愛なる神父様、私たちの主において、愛と感謝をお受け入れください。

　　　　　　　　　　　　　　　　　　　　　　G. テストヴィド
　　　　　　　　　　　　　　　　　　　　　　　m.ap.

『年次報告』（1879年）には、北緯代牧区の信徒数は2766人、そのうち横浜と周辺地区の「洗礼の数は186人にものぼった。これでこの地区と近隣とを合わせて信徒数は718人になった[138]」とある。したがって、宣教師の仕事は単に異教徒の改宗だけでなく、「新信者たちをキリスト教的に養成する[139]」ことが加わった。長崎など

九州地方には信仰生活の模範となる信徒が多いが、異教徒のただ中で生きる関東地方など北緯代牧区の改宗者には丁寧な指導が必要で、オズーフ司教自身も静岡の松長などに司牧視察に出かけている。

3. 砂川へ ── 第6書簡・第7書簡

　1880（明治13）年、テストヴィド神父の活動範囲は大いに広がった。各地の教会で編まれた年誌などを参考に、神父の1年を大まかに時系列でまとめてみよう。1月と5月に小田原で25人に洗礼を授け[140]、後述のとおり5月と10月には砂川に赴いて拠点の設置に力を注いだ。8月に東海道筋を愛知・岐阜まで巡回宣教にあたった[141]が、これはヴィグルー神父からの引き継ぎ準備と考えられている[142]。[143]

　オズーフ司教による『年次報告』（1880年）には、「大島[144]と砂川に新しい布教所の創設という慰めを得た。大島はまだ数人の新信者しかいないが砂川にはすでに51人がいる。そこで地方行政の重要人物が手本を示していた。市長と数人の市議会員、1人の医師、そして郵便局長が信仰に入ったのである。副知事自らが非常に好意を示した。神がこの喜ばしい傾向を保たせ、良き実を結ばせてくださるように[145]」とある。この「医師」は、元仙台藩医であった竹内寿貞か[146]。

　この司教報告書と関連するのが、次に挙げるテストヴィド神父の1880年5月13日付第6書簡と10月16日付第7書簡、アルンブリュステ神父宛である。第6書簡に訪問先の地名は記されていないが、

59

第7書簡に「前回の旅行」などの記述があるので、砂川と考えてよかろう。大島については言及していない。ロシア正教会ニコライ主教の動向に大きな懸念を抱いていたことがわかる。

　僧侶の妻帯について、明治政府は1872（明治5）年4月25日太政官第133号布告で認めたが、仏教界から異論があり、1878（明治11）年2月2日の内務省番外達により判断を各宗派にゆだねた。これを受けて、1879年各宗派がそれぞれ内部に達したものである。

　また、明治政府の法律顧問、お雇い外国人として著名なボワソナード Gustave Emile BOISSONADE DE FONTARABIE の名前が登場する。ボワソナードは刑法や民法の草案起草で知られる。しかしながら、この時期明治民法は成立していないし、ボワソナードは離婚に関する条文には関与してはいない。司法省法学校の講義で、フランス民法について「離婚制度を復活することが強く望まれる」と述べていることを指摘しておく。

第6書簡

横浜　1880年5月13日

親愛なるアルンブリュステ神父様、

　田舎から戻ったところです。元気にしていることだけ伝える手紙をジュエ氏が持参します。彼がパリに着いたら、あなたに発送人払いで送ってほしい小さい箱を渡します。

　私は神奈川県で良い鉱脈を見つけました。3500人の村がキリスト教に入信したいと思っています。1月以降49人に洗礼を授け

ました。その中に現村長、前村長、村議会議員、地域の医師なども含まれています。この村に自宅のある郡長も好意的で、妻と息子の洗礼も自由にさせています。2回ほど彼の家で夕食をとり、家族全体に宣教しました。その続きは未来が教えてくれるでしょう。その周辺の10カ村を訪れました。結果は前述の村ほどよくありませんが、私としては非常に期待をしています。最近の手紙に記したことを忘れないでください。

ロシア人司祭のニコライが、主教として再来日したと聞いています。これは少なくとも私たちの目には、宣教にとって不都合なことです。神のご計画はわかりません。

日本政府は結婚している僧侶が聖職を行うのを禁止する布告を出したそうです。よいことです！10年前、すべての僧侶に結婚を認めました。多くの僧侶がそれに従いました。現在、多かれ少なかれ家族の筆頭になっていて、戸籍届けを出したため子どもを見捨てられないのです。私が期待しているように、ボワソナード氏が入念に準備した法律があるため離婚はできないという罠から免れることができません。

アルンブリュステ神父様、ではまた。大変お世話になり、感謝しています。私たちの主と聖母において私のことを覚えていてください。

あなたの同僚より感謝をこめて。

G. テストヴィド
m.ap.

次の第7書簡、1880年10月16日付アルンブリュステ神父宛によれば、砂川においては「修道女に預けられ、後に実家に戻った2人の少女」の助けがあった。これは、横浜のサン・モール修道会で学んだ少女たちであろう。

物価の高騰に対する懸念が述べられている。人々の苦しい生活についても具体例を挙げて述べている。明治政府は殖産興業を掲げ、鉄道・道路などの整備にあたり、その資金を調達するために積極的な財政策をとった。特に西南戦争後、紙幣を濫発したため、インフレーションが進んだという背景があった。国会開設を求める運動が全国各地で展開され、国会期成同盟などから提出された請願書にも触れている。

冒頭の黙想会は、9月に17人の宣教師が参加して行われた合同黙想会であろう。[152]

第7書簡

横浜　1880年10月16日

敬愛するアルンブリュステ神父様

北日本宣教地区［北緯代牧区］にいただいた寄付金を特別私に分けるよう、オズーフ司教にお勧めくださったことは、黙想会のときに知りました。あなたからの手紙が届くのを待たずに、お礼申し上げます。神奈川県内の小旅行の際、司教に私の感謝の気持ちをあなたに伝えてくださるようお願いいたしました。この前の旅に関する報告から、寄付が時宜にかなって届いたことがおわか

りでしょう。

　砂川は東京からおよそ10里にある大きい村です。ラングレ神父は長い間そこに新しい拠点を置くことを考えていました。マラン神父の古い信徒が整備してくれた最初の拠点が希望でした。しかしながら、浅草の主任司祭と教師の任にあり、実行できなかったのです。そこで、私に地理的な状況を調べてほしいと提案しました。実行に移す機会を伺っていたのです。最初の訪問で、ここは進めるべきと感じました。修道女に預けられ、後に実家に戻った2人の少女が土地を準備していました。抵抗には遭いませんでした。今日この村には53人の信徒がいます。その中に村長、医師、村議会議員と著名人が含まれています。郡長も非常に好意的で、そして妻の受洗を悪く思っていないようです。彼の家で2回夕食を共にし、そして多くの使用人たちにカテキズムを教えました。これが去年の終わりでした。

　新しく洗礼を受けた者たちが個人の家で集会をするのは、迷惑をかけるという心配があって難しいのだと、前回の旅行で気づきました。そこで学びの場所や礼拝堂として仮に利用できる家を借りることにしました。残念ながら田舎で借りられる家は少なく、家賃も比較的高額です。最終的に月3'エン'［円］で小さな家を見つけました。目的に合わせるための修繕費が30円かかりました。これでご寄付が時宜にかない、私がどれほど感謝しているかおわかりいただけると思います。

　残念ながらこの貧しい日本には厄介事が1つあります。生活必需品の値段が高騰しているのです。蒸気機関によって動く機械で作った紙幣のため、政府は完全に信頼を失い、近々通貨危機が起

きるのではないかと心配しています。政治家は貧困について懸念しているようですが、実際は誰も真面目な対応をしていません。たった数カ月前までホテルの宿泊費は0.15円から0.18円でした。今日、日本人でも0.30円を下回ることはありません。運賃も同じように倍の値段に跳ね上がりました。とんだ災難です。どうなるのでしょう。その日暮らしの人々は盗むか自殺するかしかありません。そのため窃盗事件や自殺に関する記事が国の新聞を埋めています。宣教師館も例外ではないのです。

　黙想会のとき、洗礼を受けていた元の使用人の1人が家に忍び込み、おそらく勤務中に盗んだ鍵で私の部屋に入り、ドアを閉めて、私の微々たる貯金の入った小箱を探しました。それがとてもうまくいったのです。というのも家を管理するマラン神父が家の中で不審な音を聞いて、警察官を呼び、できる限りの捜索をさせましたが、彼らを帰し、彼も自宅に戻ると、泥棒は神奈川地区の1カ月分に相当する手当金を盗んで逃げました。幸いに泥棒は帽子を忘れたので、追跡できました。2日後、彼は街角で逮捕されました。残念ながら、すでに盗んだ金の半分を使い込んでおり、警察の努力の甲斐もなく約40円は発見できませんでした。彼は2年半の強制労働を科せられました。私の最近の旅行の間にも、妊娠中の女性が絶望して、もう1人の子どもを背負ったまま川に身を投げました。一度に3人とも亡くなりました。

　他方、国民議会の開設で人々は興奮していて、近々革命か内戦といった不安定な時期を迎えるのではないかと思います。その間、できる限り異教徒の改宗に努めます。しかし、正直なところ、現地の人の関心はほかにあるのを認めざるを得ません。最も大きな

心配の1つは、［正教会］のニコライ司祭が戻ってきたことです。もし彼が主教として、江戸に教会を建てるための資金を持ってきたのなら、これからしばらくは災いの結果を見ることになるでしょう。

　親愛なる神父様、心からの感謝を申し上げます。そしてときどき私のことを思い出してください。

G．テストヴィド
m.ap.

　『年次報告』(1880年)にある北緯代牧区の信徒数は「479増の3263」[153]であり、新たに「小さな信者共同体が生まれ、ほとんどが巡回宣教師によって設立されたもの」[154]だった。「横浜では177人の洗礼」、「小田原は倍増」、「サン・モール会のあらゆる事業はますます発展」[155]した。東京では本所教会が献堂され[156]、シャルトル聖パウロ修道女会も首都に入った。同じころ長崎では、パリ外国宣教会の大きな目的である現地人司祭の、再宣教後初の日本人司祭誕生への準備が進んでいた。

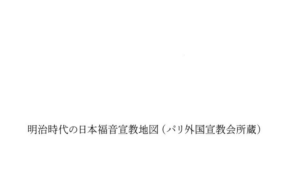

明治時代の日本福音宣教地図（パリ外国宣教会所蔵）

第四章 歩く宣教師――東海道（1881〜1885）

1. 静岡へ、愛知へ、岐阜へ（1）── 第8書簡・第9書簡

　1881（明治14）年、テストヴィド神父の福音宣教は、東海道を西に進み始めた。5月、担当地域が神奈川県から静岡県・愛知県・岐阜県に及ぶ範囲に変更されたのである。東京以北の担当に異動するヴィグルー神父との交代であった。

　静岡以西の3県には、テストヴィド神父より前、数人の宣教師が入っている。例えば、沼津に近い松長は、1875年からマラン神父、アリヴェ神父 Jean Baptiste Arthur ARRIVET、ラングレ神父が、1878年にはルコント神父 Dosithée Adolphe LECOMTE が訪れ、県下で最初の松長教会を献堂し、学校も併設していた。また同じ1878年から、ヴィグルー神父は関東一円の巡回宣教を行い、静岡県・愛知県・岐阜県を回って福音を説く先駆的な働きをした。

　テストヴィド神父はこの異動の前、同年1月16日、ヴィグルー神父がかかわってきた浜松教会献堂式に、オズーフ司教に同行して説教をしている。この聖堂は「山頂にあり、十字架型の平面をもった洋風の建物であった。（中略）聖堂の内部は、祭壇部分と信徒席が襖で仕切られ、ミサが始まるまでは襖が閉じられていて、信徒の集会場として利用されていた」。信徒席は畳敷きであったという。

　同年の活動について、1882年2月3日付の第8書簡が概要を述べている。「あなたは少なくとも心は日本人」とあるので、本書簡もアルンブリュステ神父宛と考えてよかろう。担当地域が広がった1881年は、浜松までの訪問に留まったとある。横浜から岐阜ま

での100里の10里ごとに礼拝堂などを設けて、カテキスタを置きたいという夢を語り、そのために必要なのは資金であることを強調している。

レオン・ガンベッタ Léon GAMBETTA[164]とシャルル・ド・フレシネ Charles de FREYCINET[165]に言及しているのは興味深い。ナポレオン3世失脚後の第3共和政下で首相を務め、1882年1月30日に辞任したガンベッタの後継にフレシネが就任したと電信で伝えられたというのである。

最後にあるテストヴィド神父が日本人と写したという写真がどこかに残ってはいないだろうか。

第8書簡

横浜　1882年2月3日

親愛なる神父様

　今朝、大旅行に出発するところだったのですが、雪と道路のひどい状況が、旅立ちを妨げてしまいました。それでこの機会を利用してお別れの挨拶をすることにいたしました。

　ご存じのとおり、あなたが戻られてから、北部［北緯代牧区］において巡回という素晴らしい体制をとっています。6、7人の同僚がそれに配属され、私もその1人です。［北緯代牧区の］南部地区巡回担当として、神奈川・静岡・愛知・岐阜の4県を回る責任を与えられています。もっと正確にいうと、武蔵国のほぼ3分の1、及び相模・伊豆・駿河・遠江・三河・尾張・美濃の7つの地方です。換言すれば、川崎から南部［南緯代牧区］に至る東海道と周辺地

域、すなわち長さ100里［約400キロメートル］、幅25里から30里で、その人口は100万人を数えます。

　これが私の広大な小教区ですが、今までに半分の浜松までしか巡回していません。今回は、その地域全体を探検してみようと考えています。いつ横浜に帰れるかは、神だけがご存じです。

　ああ！　もし優れたカテキスタがいれば、間隔をあけて配置し、彼らは助け合って、この地域のいくつかの地点に侵入しているロシア人［正教徒］やプロテスタントに対して有利に立ち向かえるでしょう。

　私の計画は、横浜から岐阜まで10里ごとに、礼拝堂または集会所を確保することです。これまでのところ、小田原・松長・浜松にしかありません。それに最初の地点［小田原］では、所有地は1カ所だけです。そこにカテキスタの住居と仮のチャペルを整える計画です。本格的な礼拝堂または教会を建設するために、キリスト教徒の数が十分となるのを待ちます。先日、お送りくださった援助金は、まだ使い切っていません。その他の倹約分も一緒にして、土地を購入できました。宣教地区は施設の費用しか賄えません。親愛なる神父様、私たちは大蔵省のように裕福ではないのです。この計画を実現するために、これから建設しなければならない8つか9つの礼拝堂を、どのようにして建立したらよいのでしょうか！　まず、霊的神殿を建てるべきでしょう。しかし、その前に物質的神殿が大きな助けとなるのをご存じでしょう。司牧のための儀式を、個人の家や旅館の中で行わなければならないのは、何ともつらいことです。

　私の旅行中、100人単位でキリスト教徒にしていきます。親愛

なる神父様、ピアストルを百万単位で集めてくださるようお願いいたします。そうすれば、すべてうまくいきます。あなたが費用を出すべきことがたくさんあるのを知らないわけではありませんが、日本はあなたにとって今も気にかかる国であり、以前種まきをしたにもかかわらず、刈り入れに戻れないという心残りを埋め合わせられると思います。私は、4月末より前には帰れないと思います。それで京都とその近郊まで足を延ばし、道中の埃を払うことになるでしょう。それで、パリ以来会っていない日本南部地区［南緯代牧区］の同僚たちと再会できるでしょう。

　電報でガンベッタが辞任し、フレシネが就任したと知りました。おそらく、後者はイスラエルを救済するような人物ではありません。なぜなら、もし私の勘違いでなければ、彼はガンベッタの代役にすぎないのです。茶番劇の大団円を見るのは我慢できません。国の費用で、その結末の始まりを見ることになるのですから。

　私と一緒にいたいという日本人たちに喜んでもらうために写真を撮りました。あなたは少なくとも心は日本人ですから、配布先リストの筆頭に載せ、喜んでいただきたいと思います。

　長い旅行に出る前夜、私を待ち受ける肉体的、精神的疲労に負けないよう、あなたの良き天使が、あなたを介し私たちの主にお助けを願うよう導いてくださいますように。

　祈りと聖なるミサに心を合わせて、あなたの忠実で誠意ある僕、同僚である私のことをいつも覚えてください。

　　　　　　　　　　　　　　　　　　　G. テストヴィド
　　　　　　　　　　　　　　　　　　　m.ap.

当時、北緯代牧区の開港場にある教会に定住して活動する宣教師のほかに、テストヴィド神父をはじめ巡回宣教師が8人いて、「彼らは事情がゆるす限り、それらの地域を訪れて、教えの種を蒔こうと努めて」[166]いた。そして、キリシタン禁令の撤廃から8年を経て、徐々にではあっても刈り入れの喜びを味わう時期を迎えていた。

　テストヴィド神父の拠点である横浜でも、教会の不足と葬儀の際の異教徒からの嫌がらせが妨げになってはいたが、「福音宣教は真に進展」し、「サン・モール会の修道女の施設は順調で、よい奉仕を行っている」[167]のであった。そのうえ、この年、テストヴィド神父から受洗した山上卓樹の妹カクが横浜でサン・モール修道会に入会した。[168]八王子では「村の娘たちは郷里で公教要理[カテキズム]の勉強をするだけでは飽き足らず、横浜の大きな天主堂を見たり、また修道院のシスターたちのお務めを見学したいと[テストヴィド]神父様におねだりして、また、親たちのゆるしを受けて横浜へ、徒歩の少人数の旅が行われ」[169]たという。その中から修道会入会を志願した者が出たのだ。カクすなわちスール・マルグリットは、メール・マティルドの片腕として、横浜地域の活動にあたることになる。これも地道な巡回宣教の大きな成果であった。

　『年次報告』（1881年）には、北緯代牧区全体で681人の受洗、信徒数3547人で、[170]「すでに南の地区[神奈川県以西]では、巡回宣教師[テストヴィド神父]の苦労が報われて、67人が洗礼の恵みを受け、今までイエス・キリストのみ名が知られていなかったいくつかの県に、小さなキリスト信者共同体が作られた」[171]とある。藤枝に家を借り、[172]小田原の教会を拡張するために「緑町の武家屋敷」[173]に移転したと、日本の文献にある。

テストヴィド神父が東海道筋への本格的な巡回を始めたこの時期の日本宣教について、『静岡県宣教史』には、「1881（明治14）年には内陸に滞在しあるいは巡回するための許可証が前より容易に入手できた。このときから1890（明治23）年までの間は宣教師たちは使徒職が日本人たちの気分、すなわち西欧的なものに対する日本人の熱狂によって容易になったと思った[174]」とある。確かに高札撤去前後の厳しい活動環境と比すれば、幾分好転していたといえよう。また、文明開化・殖産興業の時代で「西欧的なもの」を歓迎したこともあり、教勢も拡大した。しかし、歩く宣教師が回る開港場から遠い地域での宣教は困難の連続であったことが、これ以降のテストヴィド書簡からも読み取れるのである。

　1882年、テストヴィド神父は、第8書簡を認めた3日後の2月6日から5月20日まで、神奈川県から岐阜県への106日間の巡回に出かけた。この旅について、神父の書簡はないが、日本初のカトリック雑誌『公教萬報』[175]からその行程がわかる。

　すなわち、小田原では受洗者や洗礼志願者が増え、教会の建設を視野に入れるようになり、平塚と箱根には拠点を設けた。静岡県に入り、伊豆の松崎・下田・奈良本・池田を経て下田を巡回、次いで御殿場近辺の村々で14人に洗礼を授けた。そこから吉原・藤枝・金谷・掛川・森・袋井・見付では、説教をしたり洗礼を授けたりした。特に、藤枝では、8人が受洗し、前年に設けた教会が手狭になったため、新しく家を購入したのであった。[176]

　4月9日の復活祭を浜松で迎えた折には、1年前に献堂された、坂の上の教会に明かりが掲げられているのを遠くから臨み、門の上には提灯を十字の形に飾っている様を「天主の栄光」と感じた

とある。受洗者、聖体拝領を受ける者、説教を聞きに来る者もあった。

　愛知県にはまだ信者は生まれていないが、豊橋・岡崎・名古屋・清洲で教えを説いた。名古屋では新聞記者が説教のために場所を用意するなど、好意的な対応を受けた。岐阜県では、加納・岐阜・大垣で話をした。岐阜では僧侶による妨害があり、宿屋の宿泊も拒まれたが、大垣では聴衆が高い関心を示した。

　この巡回宣教で受洗者53人、洗礼希望者40人であった。京都まで行ったのかどうかはわからない。金谷の仲田源蔵[177]の一家に洗礼を授けたのはこの途上であったはずだ。仲田は私財を投じて金谷に教会を建設するほど熱心な信徒となった。[178]

　この旅行から横浜に戻って書いたのが、次の第9書簡、1882年6月3日付アルンブリュステ神父宛である。翌年教会を移転する予定の横須賀に向かう前に急ぎ書いた短い手紙である。上に述べたこの宣教旅行は、テストヴィドの「宣教師生活の中で一時期を画する」ものであったと位置づけている。

　ブロートランド神父への依頼内容やマノワ MANOIS[179]、バヴリ BAVRY[180] 両神父については不明である。

第9書簡

横浜　1882年6月3日

親愛なるアルンブリュステ神父様

　2月3日から5月20日までの106日間の長旅から戻ってきまし

た。相模・伊豆・駿河・遠江・三河・尾張・美濃の地方を回ってきました。来日以来、最も長い旅で、宣教師生活の中で一時期を画するものとなるでしょう。一方では試練であり、他方では私たちが活動する土地を熟知する機会ともなりました。いずれ、旅の印象と私たちが活動を展開する際に問題となることについての考えをお話ししたいと思います。

横須賀にまた行くので、今日は一言だけお伝えします。東海道とその周辺で53人に洗礼を授けました。およそ同じ人数が仏教を棄てようとしています。黙想会の後、横浜で少し休息し、旅の報告書にとりかかります。

私の学友のシャルル・ブロートランド神父に手紙を書きました。出版されたばかりの聖体に関する素晴らしい本の写しを送ってもらうためです。小神学校校長のマノワ神父の帰天にあたって、バヴリ神父の談話も拝読したいからです。'ドウゾ ナニブン ヨロシク'［どうぞ、何分よろしく］。

もし分配できる寄付金がありましたら、私が司牧すべき1000人のキリスト教徒、改宗させるべき200万人から300万人の異教徒、回宗させる800人から900人のロシア［正教徒］と400人から500人のプロテスタント、戻るべき異説を唱える12人のカテキスタ、対立して譲れない日本人のロシア［正教会］司祭を抱えていることを忘れないでください。

親愛なる神父様、あなたの卑しい僕（しもべ）から感謝をこめて。

           G. テストヴィド
           m.ap.

この2枚の葉書を宛先に届けてください。

1882年後半のテストヴィド神父書簡は見当たらない。オズーフ司教の『年次報告』(1882年)で、神父が活動した地域の記録をたどろう。「横浜には、(成人，児童を含めて)230人の受洗者があった。昨年と比べて約100人の増加である。このポストには、日本南緯代牧区との境界に至るまでの全海岸線が付属する。ここを巡回する宣教師は、2つの新たな個所を設けることができた[181]」この宣教師はテストヴィド神父であるが、2拠点はどこを指すのか。前述の平塚と箱根であろうか。

　しかし、「そのうちの1つは」と司教は続ける。
「ある裕福な日本人の改心に端を発する。彼は村人たちに非常な奉仕をしたので、あつく感謝され、神として祀られるところであった！ 事実、純朴な村民たちは、村の神社に彼を祀りたいと申し出て、彼も承諾したのである。そして彼らの願いに応じて、自分の写真をそのために与えると約束していた。しかし、その後に、信仰の光に浴した彼は、神の栄誉を盗む代わりに、彼自身まことの神を礼拝するに至った。それのみか、彼の導きと勧告は、ここに通った宣教師たちのそれと相まって、彼の支配下にある人々を、何人もキリスト教の信仰に導くことができたのである[182]」

　これは、大井川に橋を架けるなど地元の人々のために尽くして、彼を祀る神社建立の話があったという仲田源蔵のエピソードではないか。そうであれば、1つは仲田が私財を投じて建立したという金谷教会という可能性もある。したがって、「2つの新たな個所」は特定できない。

　また同年「小田原と横須賀の両ポストは、もう少し本格的な教会らしきものになったか、あるいはなるところである[183]」という。

横須賀については、閉鎖されていた聖ルイ聖堂を翌1883年稲荷谷に移す予定であることを指すのであろう。小田原については、「広やかなる家を贖ひて」[185]すでに移転していたようだ。

12月31日、長崎で最初の日本人司祭3人が叙階された。[186]パリ外国宣教会の創立以来の目的である現地人聖職者の誕生である。テストヴィド神父はその嬉しい知らせを横浜で聞いたのであろうか。神父のいくつかの書簡に、夏の黙想会と冬の降誕祭には、同僚の宣教師がいる、横浜や司教座のある東京で過ごしていた様子が伺えるからである。

2. 静岡へ、愛知へ、岐阜へ（2）
── 第10書簡・第11書簡・第12書簡

1883（明治16）年、テストヴィド神父は、長い宣教旅行を少なくとも2回行った。1回目の旅について書簡はない。『公教萬報』[187]が部分的に報じているところによれば、1月下旬に横浜を発ち、神奈川県・静岡県・愛知県・岐阜県を巡回した。神奈川県内の榎下・小山田・砂川・橘三ツ木・五日市・八王子・大島・深谷・厚木・小田原について報告が掲載されている。横浜から町田経由で八王子へ、そこから相模原方面を通って小田原に向かったのであろう。

榎下では、以前の訪問で知り合った人物が自宅を提供すると約束してくれたので、接待を受け、一晩泊まった。この人物の声かけで説教を聞きに村人が詰めかけ、溢れるほどであったが、中には外国人が日本語を話す様を見たいという理由でやってきた者も

あったようだ。小山田の聴衆は78人、信徒が34人いる砂川では雨のために4、5日足止めされ、橘三ツ木ではロシア正教会からの回宗者が見込めそうであった。五日市は祭礼の最中で宿泊も食事もできずに、次の目的地八王子へ向かった。そこにはすでに90人の信徒がいて、洗礼希望者も多く、宣教師から滞在費を取らないどころか、大勢で村外れまで見送り、荷物を持って次の宿場まで供をしてくれた者もあった。次は大島で、信徒はまだ1人、洗礼を迷っている者は少なくない。

　深谷や厚木には信徒はいないものの、横浜のサン・モール修道会から「180人の小児を所々に預け置くゆえ」、里子を引き受けた家々ではキリスト教への理解が得られるものと期待した。また、プロテスタントの宣教師が川で浸礼を行ったと、テストヴィド神父は小田原で4人に洗礼を授けたと記している。これ以降の行程についての記録は見当たらない。

　2回目は1883年9月21日から12月21日までで、オズーフ司教宛の第10書簡として詳細な報告書がある。自筆書簡ではなく、『ミッション・カトリック』に掲載された印刷物だが、宣教旅行の成果とキリシタン時代の殉教の足跡をたどった記録である。

　全体の構成は、武蔵・相模・伊豆・駿河・遠江・三河・尾張・美濃の地域ごとに、教勢と展望はもとより、見聞きした日本の文化や生活、禁教時代の出来事などをまとめている。中にはこの旅行以外での経験や事実とは異なる話も含まれている。例えば、冒頭の榎下や砂川の訪問は前述した同年1月下旬のそれであるし、江戸時代のキリシタンについては誤りもある。しかし、本書では、原則としてこうした点についての指摘はしない。むしろ、テスト

ヴィド神父の宣教にかける思いをそのまま受け止めたい。

　来日10年目、34歳のテストヴィド神父は疲れを知らないかのように、行く先々で教えを説き、信徒には秘跡を授け、90日間で800キロメートルを超える距離を歩いた。反発する異教徒、関心を寄せる者、熱心なカテキスタや信徒、そして同じように宣教活動をしているが当時は対立することの多かったプロテスタントやロシア正教会の宣教師たちなど、登場人物は多様だ。禁教下に殉教したキリシタンの事跡をたどる様子は巡礼の旅のようでもある。復路は、降誕祭までに横浜に戻るため、三重県四日市から船に乗ったという。最後に、宣教活動のための献金を呼びかけて、長文の報告書は終わる。

　この報告書の駿河国に関する記述の中に、御殿場付近の御厨・岡一色・熊野堂・大畑・神山・川島田・水土野新田などがあり、神父が後に神山復生病院を設立するきっかけとなった、ハンセン病に罹患した女性の話がある。[194]

　なお、冒頭の8行は『ミッション・カトリック』編集者によるものと思われる。

第10書簡

「日本北部［北緯代牧区］での4カ月」
教皇庁派遣宣教師テストヴィド神父のオズーフ司教宛書簡

平和の布告［キリシタン禁令高札の撤去］が出された1873年から、

日本の宣教は容易になり、この上ない希望を与えています。テストヴィド神父から敬愛する代牧区長オズーフ司教宛の次の書簡は、古の教会の廃墟を再建しようという宣教師の努力がわかるとともに、日本の生活と数世紀にわたる弾圧でも消し去ることのできなかったキリスト教の思い出に関する報告を含んでいます。読者の皆さんは、宣教師が巡回した地方の位置を今年の最初に掲載した地図[195]で確認できます。

1　武蔵国（9月21日〜10月11日）

　9月21日に横浜を発ち、最初の宿泊地は約4里先の榎下という小さな村でした。あらかじめ知らせてあったので、出迎えてくれました。前の宣教旅行の際、偶然1人の異教徒と知り合い、なんのためにこの国に来たのかを話すと、宗教について聞きたいから、家に来てほしいということでした。しかし、そのときは農家の繁忙期で、彼の希望に添えず、もっと都合のよい季節に来ると約束したのです。この訪問はその約束を果たすためでした。私は心からの大歓迎を受け、老いも若きも皆、競って近所の人々に私のことを知らせ、ささやかな宴を整えてくれました。

　夜になると、聴衆は家に入りきれなくなり、一部の人たちは縁側に座らなければなりませんでした。夜の1時過ぎまで話しました。初めて宣教師が来た地域で、1回や2回の'セッキョウ'［説教］（原注　教義の説明）でどう感じたかはわかりにくいものです。宣教師が来れば当然ながら注目を浴び、大勢集まりますが、教えを学びたいのではなく、日本語を話す外国人への好奇心からです。彼

［外国人］が立ち去った後も話したことは皆の話題になりますが、大半の人々は昔からの慣習に戻ります。しかし、宗教上の問題に一番の関心を寄せ、キリスト教徒たちの要となる善意の人々と出会うこともまれではありません。

しかし、このような成果を上げるのに重要なのは、プロテスタントやロシアの離教者［正教徒］の先手を打つことです。さもなければ、素朴でもてなし好きな田舎の人々の親切心を彼らが利用するのを見る羽目になります。ああ、もっと多くのよいカテキスタがいたらよいのに。

榎下で起きたことは、どの地域に行っても繰り返されました。これがキリスト教徒集団としての第1段階です。第2段階は次のとおりです。

もっと滞在するよう引き留められましたが、その後の長い旅程を考え、翌日小山田に向かうことにしました。途中で大雨に襲われ、荷物運びは足を滑らして、泥の中に転倒して、先に進む気力を失いました。幸いにも、馬に私の荷物を乗せてくれる馬方に出会いました。ここは2回目の訪問です。この村に2、3日滞在しましたが、聴衆は最初に滞在したときの大勢の人々のうちの生き残りは5、6人しかいませんでした。彼らは勉強したいので、そのための本がほしいと言いました。これが第2段階ですが、ここから洗礼への道はなお遠いのです。この後迫害が始まります。それは悪魔の仕業ですが、善良で気の毒な人々の同胞によることが多いのです。どうなるのでしょう。後でわかります。もし彼らが勇敢にこの試練を超えれば、部分的に勝利は得られますが、そうでなければ以前よりもっと神の国から離れます。ここではおそらく榎

下よりも、熱心なカテキスタがこうした異教徒たちの真理の道への第一歩を支援しなければならないでしょう。

　空が白み始めたらすぐに砂川に向けて出発します。ご存じのとおり、ここはキリスト教徒の集団が誕生したときから危機に瀕していました。彼らは賞賛に値する熱意に突き動かされていましたが、当時はカテキスタがおらず、たまにしか訪問できなかったので、彼らに十分なことはできませんでした。その宗教教育は完全ではありません。これを改善するために、横須賀の学校の先生をそこに定住させたいとお願いしました。彼がキリスト教徒の子どもたちを、さらに彼らを通じて両親を教育し、最近創設された製糸場の女工たちの面倒は妻が見てくれるでしょう。残念ながら、人材が不足しているので、こちらに配置すれば、もう一方にはいなくなります。

　砂川に滞在している間、また大雨が降り、至る所で洪水と災害が起き、多摩川を渡るのは不可能でした。この不本意な遅れを利用して、巡回することにし、まず橘に出向きました。そこでは東京大学を出た若い医師が大変親切に迎えてくれました。私たちの神学については神の存在しか知らないようですが、少しずつ受肉と贖罪について学ばせるつもりです。その後、三ツ木に行き、見放されたロシア［正教徒］数人に出会いました。カテキスタの1人のスキャンダルが彼らに離教［正教会］への反感を抱かせたので、私はその砕け散った残骸を集めたいと思います。次に五日市へ、そして高月へ行きました。最初の村の人々は祭りの準備に追われていました。それは守護神を祀るもので、すでに提灯をつるす柱が立てられていました。日本人の一団が家から家へ回り、祭礼の

費用と信者の食べ物を集めて回るのを見ました。柱が縄で結ばれているように、すべての家々が繋がっています。これを断ち切るのはなんと難しいことでしょうか。村人全員の憎しみと軽蔑をかき立て、あらゆる付き合いを断つことになるのです。一言でいえば、村の中で孤立し、村から出ていかなければならないこともよくあります。このため、私は宿を見つけるのに何軒か尋ね歩かねばなりませんでした。以前好意を示してくれた、たった1人も今回はとても無関心な態度で、私はその日は移動するしかなかったのです。

　翌日すぐに行き先を変えて、高月に向かいました。またがっかりです。ここでは花火です。4、5里四方の人々が皆、急流の真ん中に集まっていました。最近の雨で河岸まで増水した水が勢いよく流れています。2カ月前から、一家に1人は祭りの準備にあたらねばならないのだそうです。親が子どもたちを正午に帰宅させるよう、学校の先生に頼んだのも同じ理由でした。共同体の労役という新たな役割をどう考えたらよいでしょうか。

　しかしながら、晴れ着を着こんだ農民の集団が、長い竹に花火を仕込んで肩に担ぎ、群衆をかきわけて道を作る若者たちに先導され、四方から集まってくるのを見ました。祭りのため、通行料はすべて免除されました。屈強な船頭たちが、首まで水につかり、花火の材料や旅人を肩に担いだり、小舟で渡したりしていました。他の人たちと同じように私も無料で通ったのですが、これだけが私の旅行で得た唯一の恩恵です。祭りは3日間も続くので、こうした大騒ぎの最中に訪問するのは時宜を得ないのは言うまでもありません。家々には誰もいないし、宿屋には食事を供する料理女

が1人もいないのです。どうすればよいのでしょう。夜が近づいたので、八王子に行くことにし、予想どおり山の小道で少し迷いましたがやっと到着しました。

　八王子のキリスト教徒たちに会うと、悪路も洪水のための遅れも、さまざまな不都合もすべてすぐに忘れてしまいます。90人ほどですが、今回はさらに新たなメンバーが数人増えていました。学校は以前と同じように盛んでした。恋に迷った2、3人の若者を除いて、全員が宣教師に最大の敬意を表し、完全なる従順を示しました。必要な滞在費はすべて共同体が負担してくれ、出発のときには子どもも大人も神父を村外れまで送ってきて、そのうちの1人が荷物を次の目的地まで担いでくれました。

　この勇敢な人たちは'エタ'すなわち日本の被差別階級に属しています。このため、古い身分を廃止する新しい法律にもかかわらず、彼らはまだ社会のほかの階級と同じようには扱われていないのです。[196]その代わりに、彼らは恩寵に恵まれ、八王子は最後の第3段階のキリスト教徒集団と呼べるものを形成しています。今ある学校の隣に教会と墓地を作る土地を得られれば、村全体がキリスト教になると思います。

　ついでながら、田舎に小さな教会か簡単な集会所を建てることで得られる成果について述べましょう。これは一大事で、20里四方に噂が広まり、宗教が具体的で確固としたものになります。残念ながら、私たちのキリスト教徒はほとんど皆貧しく、あらゆる費用は私たちが負担しなければなりません。'トオカイドウ'[東海道]（原注　京都・東京間の帝国道）沿いに一定間隔でこうした小さな建物があれば、どれほど強力な助けになるでしょうか。

武蔵国を去る前に滞在した最後の村は大島でした。そこにはキリスト教徒はたった1人です。洗礼希望者は数人いますが、迫害されるのではないかと恐れて思い留まっています。村は二分されています。136家族はたった数年前に神道に入りました。この人たちの改宗は難しいでしょう。それでも洗礼志願者が2人います。
　出発してからすでに20日が過ぎ、25里を歩き回り、およそ10カ村を訪問しました。カテキスタは私と別れて横浜に戻ります。1日歩いて相模国、深谷村に着きます。

2　相模国（10月12日〜19日）

　深谷・大庭・厚木はまだキリスト教徒が1人もいない相模国の町です。その近辺にプロテスタントは数人の新改宗者のために小さな会堂を建てました。
　幸いにも、彼らの良き日は終わりました。なぜなら、洗礼を受けるために、成人は川床に降りて、初代教会に戻るという理由で、牧師か誰かが彼らを3回水に沈めます。最近、年老いた女性が2人、そのように洗礼を受けて亡くなったようです。異教徒たちは、彼女たちの死は洗礼の結果であると言いふらしました。儀式のときすでに、好奇心に駆られた見物人は興奮して、原罪が受洗者の魂から見物人の魂に移るという噂を広めました。
　皆の笑いものにされた秘跡にどのような敬意が払われるかお考えください！　こうしたやり方で見世物になる日本人の誠意には感心します。
　他方、残念なのは、このよい素質を真理のために活用できるキ

リスト教徒が1人も手元にいないということです。プロテスタントから洗礼を受けた元神官は、学んで比べてみると私に約束しました。

　相模国の昔の中心地である小田原まで8里です。前回12人の洗礼志願者がいたので、今回は彼らに洗礼を授けたいと思っていました。審査をしてみると、4人しか認められませんでした。残りの8人のうち、半数は宗教の学びを完全に止めていて、他の半数はあまりに勉強不足でした。小田原には、最近叙階された日本人の離教［正教会］司祭がいます。主教の権限を得てロシアから戻ったニコライ司祭が、大勢のカテキスタを叙階したのです。

　相模国最後の宿泊地は、湖のほとりの箱根でした。プロテスタントはそこの住民数人に洗礼を授けました。彼らは毎年夏避暑にやって来ます。しかし、評判はよくないようです。日本人たちは、妻子を連れてやって来て、ぜいたくな暮らしをし、賛美歌を歌ったり、食事の合間に洗礼を授けたりする［プロテスタント］宣教師と、結婚をせず、いつも質素な旅をするカトリックの宣教師とを比べています。この比較から実質的な結論を出すのはいつになるでしょうか。蝦夷のキリスト教徒は、この寒い地域にプロテスタント宣教師が1年のこの時期にしか来ないのを'ナツ キョウカイ'つまり夏の教会と皮肉をこめた言葉をつくりましたが、箱根にも当てはまるでしょう。

　この近辺では、かつて素晴らしい出来事がありました。1607年のことです。イエズス会の管区長パエス神父 PAEZ は、仏教に精通した日本人を伴って、'ショウグン'［将軍］に挨拶をするために江戸に行き帰ってきました。彼らは箱根の山中で、生きて

いる'アミダ'[阿弥陀]、'イキ ボトケ'[生き仏]として知られ、その母は夢の中で彼を妊娠したと信じられている行者に出会いました。生まれながらに人々から崇められ、若いころから木の根や実を食べ、1人で暮らしていました。彼はその体からよく不思議な光を放ち、鉄のサンダルのようなものを履いて、地下を通って富士山に行き、山の守護神に会うというのです。国中から、人々が彼を拝みに来ました。その際には、祭壇に上って参拝者を迎えました。

日本人修道士は化けの皮をはがそうと決心し、行者のもとに赴き、誕生の奇跡、聖なる生活、神聖さについて［尋ねました］。
「しかし、あなたが生きている阿弥陀であるなら、阿弥陀経の難解な個所について説明できますでしょう」と修道士は言いました。

「私には自分が阿弥陀であるかどうかわかりません。しかし、母からそう聞いて、その言葉を信じています。経の部分については、こういう意味です」と僧侶は答えました。

すると修道士は、確たる根拠と動かぬ証拠を挙げて、僧侶の答えが違うことを証明しました。彼は謝り、研究したこともなければ、何も知らないと言いました。

「何も研究したこともないのに、なぜ救いの道について人々に教えられるのですか。むしろなぜ騙すのですか」と修道士が言いました。

僧侶は言葉もなく、弟子や信奉者たちに無知を告白しなければなりませんでした。

この出来事のあった正確な場所をまだ見つけていませんが、今では完全に塞がっている洞窟の近くのようで、住民は富士山に通

じる地下通路の入り口があると言っています。

　相模国で、宣教師の心に大切な思い出を呼び起こす町は箱根だけではありません。東京湾の入り口にある浦賀に、フランシスコ会士たちがキリスト教徒とポルトガル人水夫のために礼拝堂を所有していました。そこには、1608年、ウイリアム・アダムス William ADAMS の仲間のオランダ人たちが住んでいました。さらに、この小さな港に、仙台の大名伊達正宗の使者、支倉［常長］の船が、ローマからの帰路、1616年に寄港しました。浦賀付近で、横須賀に近い逸見には、まだウイリアム・アダムスとその日本人妻の墓が残っています。彼は主に船の建造で'ショウグン'に貢献した見返りとしてこの村をもらいました。1605年、長崎コレジオのイエズス会神父は、江戸に'クボウ'［公方］とその息子に敬意を表するために派遣されたときに、彼に会いに来ました。改宗させるか、少なくとも生まれた国に戻そうとしましたが、だめでした。

　そして1623年ごろ、フランシスコ・ガルヴェス神父 Francisco GALVES は江戸の迫害を逃れ、鎌倉のイレール孫左衛門という名のキリスト教徒のもとに身を寄せました。そこで見つかり、匿ってくれた2人とともに捕まったのです。まさにもっと安全な場所に行くために船に乗ろうとしていたところでした。江戸に連れ戻され、火刑に処せられました。

　この思い出を忘れないように、2カ所に何か建てたいと、何度も試みました。しかし、よいカテキスタがいないので、失敗続きです。この2つの町から同じくらいの距離にある横須賀の小さなキリスト教徒の集団を除いて、この付近には4、5家族が点在して

いるので、司牧するのは難しいのです。

3　伊豆国（10月19日〜31日）

　箱根に戻りましょう。この村から少しは切り開かれた小道を6里たどり、伊豆の国の山の尾根を進むと、熱海に着きます。ここはこの国にたくさんある温泉の1つで、特に有名です。ここを拠点とするのは有望であると思います。住民が他の土地と比べてよいというわけではありませんが、村には療養に来ているよそ者がいつも大勢いるのです。湯治客の常で少々退屈して、暇つぶしを考えています。カテキスタが1人そこに住み、良き魂に最初の種まきをすれば、彼らが故郷に戻ったとき、私たちのことを話すでしょう。このように考えたのは、沼津付近の学校の先生のことがあったからです。私たちと同じようによそ者である彼は、私たちが熱海にいる目的を聞いて、1、2度会合に参加し、カテキズムを手に入れ、真剣に学ぶと約束しました。

　そこから網代に向かいます。ずいぶん前から、キリスト教に関係のあるこの小さな港を訪れたいと思っていました。朝鮮出身のキリスト教徒、内藤ジュリア Julia NAITO [197] が流刑のために乗船したのはこの町でした。彼女は家康の寵愛を受け、その宮廷に仕えていました。彼もまた彼女を脅そうとしましたが、彼女は脅迫や約束に動かされず、大島へ流刑になりました。

　彼女は港まで歩いていこうとしたのですが、道が悪く、足にけがをし、やむを得ず'ノリモン'［乗り物］（原注 担い手が担ぐ椅子）に乗りました。彼女は最初の島から15里離れた別の島に流され

ました。40年間、こうした島々の貧しい漁師のために真理の使徒となり、同じ理由で城から追われた数人の女性たちとともに藁の小屋に住みました。府中つまり現在の静岡に住む神父に、殉教者と処女たちの物語が欲しいという手紙を送ることができました。

　私が歓迎されたのは、この聖女と殉教者、そしてその仲間であるルチアとクララの御加護によるものでした。前述の出来事について詳しく知りたいと、網代の村長に問い合わせると、彼はまず宗教の講演をするよう勧めてくれました。

　和田・池村・奈良本・稲取の村々を順次訪れました。和田では、プロテスタントがすでに何度かやって来ていましたが、私たちはその芽を摘むのにちょうどよいときに到着したのです。池村では、村人がまだ心を開かず、信頼を得るのが難しいです。奈良本では、村長が自らほら貝を精いっぱい吹いて、彼の職権で家での会合に人々を集めてくれました。稲取では、さらに数日滞在してほしいという人々の希望をかなえられず、朝も晩も話をしなければなりませんでした。

　大島と三宅島の住人である2人の素晴らしい日本人と知り合ったのは、この最後の村［稲取］です。昔のキリスト教徒の苦しみの舞台となった、この島々について情報を得る好機を逃がしませんでした。また1つの島には、外国の王の息子のものらしいと言われている墓があると聞いて驚きました。それが前述の高貴なキリスト教徒、内藤ジュリアの墓ではないでしょうか。実際、彼女は貴族の出で、その父は'タイコウサマ'［太閤様］が朝鮮で行った戦争のときに捕虜として連れて来られたのです。最近、'ナヌシ'［名主］（原注 役人）が昔から言われている場所に深さ数メー

トルの穴を掘らせましたが、何も見つかりませんでした。それでもこの島々を巡り、どこへでも希望のところに案内してくれるという2人の旅人の誘いをぜひとも受けたいと思いました。彼らは名前を教えてくれました。この出会いと好機は神の摂理ではないでしょうか！伊豆半島の東海岸を訪れるのは初めてでした。

　名残惜しい稲取を離れ、河津に向かいました。村の背後には、縄地山があります。国の年代記にあるように吝嗇で有名な家康は、野心と情熱を満足させるために、ここで金や銀を採掘させました。その中には多くのキリスト教徒がいて、パエス神父が立ち寄り、宗教による助けと慰めを与えたのです。それは1607年のことでした。

　この鉱山は今も採掘され、年ごとの採掘量は約5000円から6000円（原注 1円は5フランに相当）になります。ときどき、石切の職人に会います。将軍が彼の都である江戸に噴水をつくらせるために、広島のキリスト教徒、築地ルイとその息子シモンを働かせたのはこの辺りでしょう。伊豆に住んでいたとき、ルイは礼拝堂をつくり、キリスト教徒とともにそこで祈りました。

　稲取から、下田に移動しました。この付近では最も大きい商業都市で、ペリー提督が最初に停泊し、この地で日本に開国を迫りました。今でもその戦艦が沖合に現れたときの騒ぎが話題になります。全住民に扉を閉め、外出したら死刑にするという命令が出されました！

　提督が誰もいない町に入ったとき、どのような印象をもったのでしょうか。今、状況は変わりましたが、日本中から船が入るこの町は、これまで訪れた村々と対照的に酷いものに思われました。

快楽、それも嘆かわしい快楽が大半を占めています。私が土地について得た情報どおりで、4、5人しか聴衆を集められませんでした。

下田から松崎までは6里で、相変わらず山道です。小田原以降、1人の信徒にも出会っていません。ですから、横浜で洗礼を授けた本当のキリスト教徒の家族に会ったときは、本当に嬉しかったのです。まるで家に帰ったようでした。

私が来るのを知らなかったのですが、一家の長は持病があるにもかかわらず、小商いの商品を片づけさせ、近所の人たちを集めるために部屋を整えてくれました。夜になると、大勢やって来て、嬉しい期待をもたせてくれたのです。諸聖人の祝日［11月1日］を松長で祝うという約束がなければ、喜んでもっと松崎に滞在し、そこから数里の場所に埋葬されたニル号（原注 香港・横浜間で運行されていたメサジュリ・マリティム社の船。1874年難破し、約70人がいのちを落とした）の難破者の墓に「深き淵より」を唱えに行きたかったのです。しかし、私が着いて2日後には、出発のことを考えなければなりませんでした。

伊豆国は、まあ規則的な鋸の歯に似ています。歯の部分はそれぞれ岬で、それぞれの入り江には小さな村があり、おおむねよい港です。村から村へ移動するには、ときには高さが4700ピエもある山々を超えていかなければなりません。その山頂と麓の温度差は、華氏20度になることもあります。中でも猫越峠は壮大な眺めと細い道で知られ、先月の雨でその細い道はいっそう険しくなっていました。

週間前、1200'エン'［円］を所持していた日本人の銀行員が

そこで襲われ、殺されました。私はそれほどの持ち合わせはありませんから、この恐ろしい山で殺されることはないでしょう。しかし、岩が道を塞ぎ、急流でその痕跡も消されていました。

疲れ果てて湯ヶ島に着いたのは、夜になってからでした。源泉で熱い湯につかり、急いで20人ばかりの聴衆を集めたのですが、その中にとても賢い若者がいました。まったく気取りがなく、そのいくつかの質問には感心しました。プロテスタントの書物を持っていることがわかりました。悪しき門から入る危険を避けるため、私のカテキスタに託しました。

翌日、松長まで11里を歩かなければなりませんでした。というのも諸聖人の祝日の前日であったからです。道がほんの少しずつ下りで、歩きやすかったのは幸いでした。この日の唯一の思いがけない出来事は、横浜で数カ月教えを受けて、修道女のところで洗礼を受けた若い女性との出会いです。詳細はわかりませんが、彼女は父の家に帰らなければならず、異教徒と結婚させようとする両親の意向にかかわらず、信仰を守っています。彼女は村の小学校の先生をしていて、日本の女性として学識も、しっかりした性格も類まれという評判です。

こうして私の伊豆国の訪問は、よい思い出を残して終わりました。大変疲れましたが、同じように慰めも得たのです。住民たちは昔と変わらず純朴で、日本のほかの地域は新しい文明に巻き込まれましたが、この地域は自然からもその位置からも例外です。ロシア人［正教会］は、ここにキリスト教徒200人とカテキスタ2人を擁しています。

4 駿河国（11月1日～17日）

　松長にはかなり遅く着きました。手紙が何通か届いていて、それに返事を書くとすぐに、旅の杖を取り、箱根と富士山の間の谷に位置する御厨に向かわねばなりませんでした。岡一色・熊野堂・大畑・神山・川島田・水土野新田の村々に60人ほどのキリスト教徒の集団が散らばっています。彼らを［1カ所に］集めることができないので、順次訪問しなければなりません。

　近隣の地域に入るにはどのようにしたらよいだろうかと考えているとき、天の国は高位の者のためではなく小さな者のためであり、富める者、傲慢な者のためではなく、貧しい者、謙虚な者のためであるという福音の言葉を証しする出来事に遭遇しました。鮎沢村で、気の毒な女性がハンセン病に罹患し、そのうえ同情すべきは2年前から視力を失い、夫には捨てられました。苦しみに終止符を打つために自殺しようとしたとき、カトリックの教えを聞いたのです。彼女は私たちの信仰の慰めの教義を受け入れ、そのときから人生を再び生きるようになりました。彼女はすぐに兄に宣教を始めましたが、彼は僧侶の中でも'ホオイン'［法印］という職務に就き、小さな寺の住職で、迷信を行っていました。妹が確信に満ちた様子で説く真理を認めざるを得なかったのですが、さまざまな理由で誤りの中に留まりました。敬意、村からも宗教上からも受ける迫害などがその理由です。

　しかしながら彼らの間で妥協が成立し、寺を2つに分け、一方は私たちの主のものとなり、もう一方は偶像のものとして残りま

した。ハンセン病の妹が主の祈りを唱え、僧侶は'ナム アミダブツ'［南無阿弥陀仏］（原注 仏教徒の祈り）を繰り返すのです。村に着くと、その寺で教えるようにと招かれました。場所をつくるために、偶像はすべて片づけられ、探しても見当たりませんでした。最終的に勝利は当然のところに帰すことを願いましょう。

　地域の中で最も重要な拠点である御殿場では講演をしましたが、うまくいきませんでした。'シバヤ'（劇場）で'ギダユウ'［義太夫］（原注 音楽つきの語り）があるので皆そちらに行ってしまったのです。聞きに来たのはたった1人でした。その人も自由について自分の考えを述べただけです。上小林では、学校の先生が教えを学びたいと言いました。カテキズムの試験を受けるために、カテキスタと散歩をしているふりをしているのでわかりました。職を失うか、キリスト教を信じるかの選択を迫られていたのです。

　御厨に戻り、沼津に滞在しました。ここにもまたかつてキリスト教徒たちがいましたので、この町と三島のことが、昔の宣教師の記録に述べられています。近くの田舎には'キリストン ヤシキ'［キリシタン屋敷］（キリスト教徒の住まい）と呼ばれた建物の土台がまだ残っています。そして石川には、宗教用具が地中に埋められていると言われています。'カネ ノ ドウ'（金属の寺）の名称が、この伝承の根拠となっています。

　この地がプロテスタントやロシア人［正教徒］によって汚されているのはなんと悲しいことでしょう！ こうした侵入者たちを支持する中心人物、町で一目置かれている盲目の医師を改宗させようとしました。現在、勝負に勝っているか、少なくともそこに近づいています。彼は同じ宗教の1人に夜の集会のために家を貸

すよう頼んでくれました。そこではいつも大歓迎を受けました。ロシア［正教会］のカテキスタがいますが、真の信仰がすぐに勝利するよう願っています。

沼津からは東海道を進み、吉原・蒲原などに滞在しました。こうした'シク'［宿］（原注 古くからの宿場）では大歓迎され、初めて説教をして、新しい知り合いをつくりました。松長のカテキスタ［伊藤祐清］[206]の故郷である小島では、彼の父親が病気で悲しんでいる家族を慰めるために1泊しました。幸いにも息子は父の臨終のときに洗礼を授けることができました。

11月16日、静岡に着きました。ここは同名の県の県庁所在地で、日本の昔の大都市の1つです。東海道筋でも、商業と人口では第2位です。1601年、家康はここに住まいを移しました。彼はキリスト教徒をおおむね厚遇しました。パエス神父に伊豆の金山とそこで働くキリスト教徒を訪問するために、素晴らしい船をさえも贈りました。ド・アンゼリス神父 de ANGELIS はここにフランシスコ会士のための住居を建設し、アロンソ・ムノソ神父 Alomzo MUNOZ は公方の名でスペイン国王に祝いを携えていく使者にまでも任じられたのです。

君主の反感を買った理由の1つは、オランダ人の告発でした。オランダ人は、ポルトガル人とスペイン人が、フィリピン総督ヴィヴェロ VIVERO を介して、彼らの追放を願い、彼らの存在が宗教のために危険であるとみなしたことを知って憤慨し、修道士たちは君主に服従しないので、ドイツ・イギリス・デンマーク・スエーデン・オランダから追放されたと公方に進言しました。同じころ、スペイン人が日本沿岸を測量しようとしたので、侵略のためのス

パイとみなされたのです。そして、有馬の3万人のキリスト教徒が8人の殉教者を刑場まで送っていったため、イエズス会の教えを信じ込んだ反逆者と理解されました。

　家康は、はじめ貴族を14人追放しただけでしたが、もはや逡巡せず、1614年3月27日聖木曜日、宗教［キリスト教］を禁止する勅令を発布しました。大勢の無実の人々を犠牲にするのをよしとしなかった町の裁判官のおかげで、キリスト教徒のうち7人だけが投獄されました。彼らを助けられないように、指と脚の腱を切りました。しかし、町の外の安倍川のほとりに住む6人のハンセン病患者が彼らを小屋に匿いました。まもなく、彼らも斬首されてしまったのです。信仰の告白者たちは大阪まで這って行き、そこから長崎に向けて船に乗りました。7年後の1621年、この過酷な扱いの末に亡くなった彼らのうちの1人ピエール・カコスケの亡骸が、まるで前日に埋葬されたかのような状態で見つかりました。1624年、静岡で新たな殉教者が、1631年には5人のキリスト教徒が信仰のために斬首されました。

　この大都市の通りを逍遥し、思い出をたどるとき、安倍川を渡りながら河岸で起きた場面を思い浮かべ、できるだけ早くもう一度十字架を立て、殉教者の血が注がれたこの土地を手に入れたいと願いました。たった1つだけ必要なのはカテキスタであり、このカテキスタがいないのです。とりわけつらいのは、プロテスタントの教会があり、日本人が町の辻で聖書と小冊子を積んだ車を引き、その商品を売ったり、買う人がいないと押し付けたりするのを見ることです。劣勢を挽回し、この重要な拠点を得るために、電報で藤枝のカテキスタ［荒木福明］を呼び、松長のカテキスタ

と協力して、この大都市での土台を確固としたものにする手段を話し合いました。

　3日後、私たちは別れましたが、藤枝のキリスト教徒たちが私に会いに来ました。この小さな拠点は確かに模範的です。1881年7月に創設され、約20人が一致団結し、宗教的な義務の実践に忠実です。神父がいるときは毎朝ミサにあずかり、不在のときは集まって祈りをささげます。何人かが受洗し、信徒を増やし、場所がせまくなりましたので、移転しなければならないでしょう。

　5日間、町でも田舎でもカテキズム。こういう遠出からの帰り道で、大変教訓的なことに遭遇しました。ある家に先祖供養の経を読むために呼ばれた僧侶が、1人で帰れないほど酔って、日本人に抱えられてどうにか住まいに戻ったのを見たのです。こうした出来事はまれではありません。気の毒な僧侶！

　さらに嘆かわしいのは、このような祭司によって指導されていて、過去の旧習を打ち破れない人々がいるということです。私たちの住まいのすぐそばに、藤枝の昔の大名田中の城があります。現在は学校になっていますが、この国では重要ではないものの1つで、かつては諺として「田中のように貧しい」と言われていました。この城とキリスト教は関係があります。パエス神父が、謁見のために公方を訪ねたとき、滞在したのです。君主が謁見してくれるかを前もって問い合わせ、宮廷からよい返事をもらったら、宮殿の門を入ることができたからです。

　ここでももう数日滞在してほしいと言われましたが、無理に別れを告げました。するとキリスト教徒たちは争って私のミサ用の荷物を持ち、2人は金谷までついてきました。遠江国に入ります。

5 遠江国（11月17日〜12月8日）

　この国は昔の思い出が最も少ない国の1つでしょう。昔の宣教師の足跡がまったくありません。最初に泊まった村は、大井川の河口にある河尻です。何度も集会があり、カテキスタの熱意のおかげで歓迎されましたが、一番あてにしていた人はいませんでした。

　翌朝、驚いたことに体調が悪く、やっとのことで金谷にたどり着きました。ここには、ヴィグルー神父が『信仰弘布会年報』[208]（原注 1882年9月号）に、その改宗について興味深く語ったピエール仲田源蔵が住んでいます。型どおりの挨拶が済むと、休ませてほしいと頼みました。彼が親切に世話をしてくれましたので、数日後には説教を再開できるようになりました。

　この間、カテキスタは私のことをとても心配し、もし私が死んだら、どのように埋葬するか考えていました。ピエール仲田は冷静で、宣教師の墓を所有するのは一族にとって名誉であると彼に言いました。カテキスタは返す言葉が見つからないほど驚き、仲田の思いに至らなかったことを恥じ、余計な心配はすぐに消えました。

　この熱心なキリスト教徒の世話で、大きな家を借り、警察にも届け出て町中に貼り紙をし、私が来ていることを知らせました。3日間、聴衆は増え続け、僧侶も数人勇気を出してやって来ました。仲田は、聞き手たちが大人しすぎると思い、論争を持ち掛けましたが、ほとんど自信のない僧侶たちは役人の1人に擁護を頼

99

みました。彼は助けてくれましたが、彼と同じ宗教の人々[仏教徒]を満足させられず、その教えを信じる人々の間で口論が始まりました。それは滑稽な場面で、大笑いになりました。引き留められましたが、もう11月28日で、降誕祭には横浜に戻らねばなりませんでしたから、次の旅行のときには、金谷に10日間滞在することにしました。

　仲田は本当に素晴らしい熱意の持ち主です。もちろん初めからすべてが彼の期待どおりに速やかに進んだわけではありません。彼自身が神のように敬意を受けるならばうまくいくのですが、その地位を真の神に明け渡すとなると、彼の信奉者たちは彼のようには素直に従わないのです。それでも彼は諦めず、次の春に、この前の雨で一部流失した金谷大橋の修理が終わったら、気の毒な信奉者たちの改宗に全力を尽くし、近郊に出かける便宜のために馬を買うつもりであるとすら言っていました。

　ここから掛川に向かいます。この町でただ1人のキリスト教徒は、裁判所に勤めている若い男です。彼は迎えに来て、夜に講演をしてほしいと頼みました。金谷ほどではありませんが、大勢の人が集まりました。

　聴衆の中に、仕草や衣装からふしだらな女性たちであるとわかる若い人たちがいましたので、少しは罪深い生活を恥じるように話をしました。間違っていなかったようです。広間の入り口のところから、彼女たちを次々に呼ぶ声が聞こえました。金で彼女たちを買い、彼女たちが素直に従わなくなるのを恐れた主人の声でした。この出来事から日本における風紀についての安易な考えがわかります。話が終わってからも長い時間、真理から遠くないと

思われる数人の聴衆と話し合いました。

翌日、近くにヨーロッパ人が埋葬されていると聞き、自分で確かめたいと思いました。墓石にオランダ語で次のように書かれていました。

「生前商館長で日本貿易の責任者、尊敬すべき貴族ジベール・ヘンミ Gysbert HEMMY の遺骸がここに眠る。1747年6月16日出生、1798年6月8日逝去、1798年6月9日埋葬」

昔、長崎出島の商館のオランダ人は、毎年将軍に敬意を表するために江戸に上りました。彼は乗り物に押し込められ、どこにも降りることができず、旅の途中で病気になり、この町に埋葬されたのでしょう。願わくは、日本居住の許可を得るために十字架を踏んだ者たちの1人でないことを、また少なくとも最後の瞬間この罪を痛悔したことを！ この墓が異教徒の墓群の中にあり、十字架が影を落としていないとは、なんと悲しいことでしょう。

袋井と森は離教者[正教徒]がカテキスタを置いている町です。袋井の町長は、江戸に住んでいる弟がカトリック信徒で、私たちに大変好意的でした。最初は銀行を使わせてくれましたが、これが彼自身の意に沿わなかったようで、今度は町役場を提供し、善意の人々を呼び集めてくれました。聴衆の多くはロシア離教者[正教徒]でした。ニコライ主教と同じ教えを説きに来たと思わないようにと、最初に説明しました。核心を突いていたようです。片隅で彼らの間に激しい議論が起きたからです。しかし、誰も私にさらに詳しい説明を求めませんでした。

森でも同じでした。ただ離教者[正教徒]たちはさらに興奮して、急いで外に出ると、カテキスタのところへ行き、その無関心を非

難しました。信じているものが攻撃されているのに自宅にいるとは！ 彼らは無理やり彼［カテキスタ］を連れて来て、彼らが中傷だという私の発言に反駁させたのです。賛同者が2、3人ついて来ましたが、見られないようにして論争を聞くため'カラカミ'［唐紙］（原注 日本家屋の中で、部屋を分ける紙でできた仕切り）の後ろに隠れていました。カテキスタは改宗しませんでした。彼には神に立ち戻らない理由がたくさんありました。

　浜松の前に最後に泊まった町は見付です。熱心なキリスト教徒が月曜日ごとにカテキスタと協力して自宅に近隣の人たちを集めますが、人々は物質的なことに心を奪われ、神の言葉を聞きに来る者はほとんどいません。

　浜松は最初の勢いを取り戻し始めています。幸いにも、12人に洗礼を授け、聖フランシスコ・ザビエルと無原罪の御宿りの祝日を信心深く祝いました。特に、大勢の聖体拝領は、異教のただ中で数日間長い夜を過ごした宣教師を慰めました。キリスト教徒たちの先導のおかげで、幸運にも町はずれで2回大勢の人に話をしました。その前に、旅館で旅人たちが出発の前に太陽を拝むのに気づき、この点について話をしました。学者たちが前もって日蝕を計算できるので、太陽は生命のあるものでも、自由に移動できるのでもないことを証明しました。これまでまったく疑っていなかった老人が、この話を聞いて驚き、出てくるときに、「'ナルホド ナルホド'［なるほど、なるほど］、まったく、まったく」と歩きながら繰り返していました。すぐに信仰の光に魂の目を開くことができますように。その髭の色から見て、それを判断するのに無駄にする時間はないのです！

102　　第四章　歩く宣教師―東海道（1881〜1885）

あと12日しかなく、50里を歩き回らねばなりません。これ以降、思い出があって、心にかかるいくつかの町は次の機会とし、大きな町にだけ泊まります！

6 三河国（12月8日～12日）

ここは都である京都と主要な城の1つである名古屋に近いので、仏教が目立ちます。寺院の参拝者は他のどこよりも多く、僧侶も多く、忠実な信徒たちは迷信を信じています。豊橋と岡崎だけ、泊まれるところがあります。

豊橋はかつて吉田と呼ばれていました。1631年、2人が殉教しました。最初に訪れたとき、旅館に泊まらねばなりませんでした。幸いなことに友人が数人でき、その1人で裁判所に勤めている者が、その執務室と机を提供してくれました。さらに彼は、遠くまで行き、豊橋の住民に貼り紙で知らせたので、夜になると、多くの聴衆が集まりました。そこで、ロシア［正教会］の主教ニコライが数カ月前に来たときの出来事について、その場に居合わせた人から話を聞きました。[211]

［ニコライの］講演が終わり、群衆の前で、1人の日本人が1、2の質問をする許可を求めました。「あなたは最近主教の称号でこの国に戻ってきましたが、その権限は誰から付与されたのですか」

ニコライは何度も質問をはぐらかそうとしたのですが、残念ながら最初の質問に戻ることになり、結局まったく答えられませんでした。

そして、別の問題に移りました。

「虚無主義者のことを聞きましたが、この人たちの存在理由の1つは、世俗権力と宗教権力を独占しているロシア政府の専制にあるのではないのですか」

「わかりません。他の人に聞いてください」と主教が言いました。

この男はこれに満足せず、ニコライを追い詰めたので、彼［ニコライ］はついに我慢できず、かっとして手にしていた扇子でその日本人をたたいてしまいました。

日本人は動揺せず、「あなたがしたことに驚きはしない。短気な性格なのでしょう。ここに来るまであなたが超えてきた山や海が、あなたの性格をいっそう気難しくしたのでしょう」

論争が敵に有利になってきたので、主教の助手の1人が翌早朝出発しなければならないという口実で、閉会しました。実際、彼は引き上げたのですが、言い負かされて逃げたという噂がたちました。

豊橋は、かつてキリスト教徒の中心地であったようです。近隣のいくつかの村で、殉教者がありました。新庄では2人、丸山で1人、宮で3人、御油で5人、高山で9人、牛窪で1人。約40戸のこの村は、この前の洪水で全滅し、多くの人々がいのちを失いました。

岡崎は相変わらずロシア人［正教徒］の拠点で、日本人司祭1人とカテキスタを置いています。私が滞在しても、この町にはほとんどなんの痕跡も残りません。また、宣教師の訪問で関心をもった住民の気持ちを守るため、ここにもカテキスタを置くのが急務でしょう。友人で、この地の弁護士が喜んで住まいを見つけてく

れるでしょう。今はこの劣勢を好転させる力がないというつらさに耐えるしかないのです。

7　尾張国（12月12日〜16日）

　尾張の中心地名古屋は、日本で4番目、東海道で第1の町で、人口は12万人以上です。巨大な碁盤の目になっていて、通りは直角に区切られ、2階建ての商店が軒を連ねています。これが名古屋です。この大都市で最も驚いたのは寺院の数で、屋根が高く、他の建物をしのぎ、気の毒な人々に課されている負担をとてもよく象徴しています！改宗が難しいのは、ほとんどの商店が、宗教［仏教］用具以外を扱っていない点からして、住民のかなりの割合が仏教で収入を得ているからです。だからキリスト教徒になると、生計の道を失うのです。しかし、私たちの主はそこにおられるのは、古の出来事により明らかなので、今も同じにちがいありません。過去が現在を保証しています。

　実際、かつて名古屋には福音が伝わりました。1600年、町の諸侯で尾張の君主である福島家の貴族10人が洗礼を受けました。教会が建てられ、理由はわかりませんが、その後破壊されました。家康の子、薩摩守が、1607年再建を許可しました。彼は京都のパエス神父に自分が撃った野生の鴨を数羽送ることまでしたのです。日本を知っている者にとって、この厚情の印は正式な認可に相当します。1612年'フォド'宗の僧侶が教えを学び、国の諸侯1人とともに受洗しました。名古屋だけでなく、近隣の山中にも、熱心な新改宗者がいました。

清洲では、特にキリスト教徒たちは迫害にもかかわらず信仰を守りました。一宮では、財産を没収すると脅されましたが、彼らが動じなかったので、いのちは助かったのです。君主が素晴らしい家臣を失わないよう生かしておくことにしたのです。1624年、異教徒たちは債務者であるキリスト教徒に棄教させるために、借金をすべて一度に返済するよう迫りましたが、彼らは助け合って完済しました。

　尾張国での殉教者数は、とても多かったに違いありません。1619年10月9日、8人の殉教者があり、名前もわかっています。1634年、キリスト教徒9人が、信仰のために名古屋で斬首されました。キリスト教徒1000人が埋められた場所を私も見てきました。彼らの墓に影を落としている木は、その時代のものらしいのです。栄国寺の僧侶に聞いたところ、詳細を知らないか、言いたくないかでありました。

　宣教師が埋葬されている場所が町の中にあるとも言います。まだその墓を見つけていません。さらに最近の出来事もあります。1878年に浦上の谷のキリスト教徒たちの一部が監禁されたのも[213]名古屋でした。彼らの涙と祈りで聖とされた場所をぜひ訪れたいと思いました。動物のように粗末な小屋に押し込められ、男女そして子どもの3つに分けられました。連絡を取り合うのは禁止されていましたが、彼らの忍耐と辛抱によって、異教徒の憐れみを得ました。そのうちの1人が、裸を覆うための衣服と餓死しないように食物を差し入れたと、私に教えてくれました。この慈悲の行いが、彼の救いとなるでしょう。

　この話の日本人は名古屋新聞の経営者で、そこの記者の1人が

私のかつての生徒でした。初めて訪れた際、感謝のしるしに、集まりを開催する約束をしてくれました。しかし、東京に行かなければならず、社長に代理として約束を果たすよう依頼したのです。彼が帰ってきたときに後悔するようなことはないでしょう。

　私が名古屋に着くとすぐに、この寛大な人物はもう1人の社員とともに、私とカテキスタを迎えに来ました。入り口に4台の車が待っていました。どこに行くのか正確にはわかりませんでしたが、お任せしました。町の一番にぎやかな地域を通り過ぎ、少なからず驚いたことに正しいフランス語でオテル・デュ・プログレと扉に書かれたホテルで降りました。実際、この名前に値し、サービスは完璧でした。ペール・エールとサン・テミリオン²¹⁴ ²¹⁵を選べるし、食後のコーヒーもフランス料理の名人として敬意を表するほどのものです。

　翌日の昼食に、新聞記者がホテルに牛乳を2杯届けさせましたが、名古屋に滞在している3日間毎日続きました。ミサの後、町の名所見物に誘われました。あちこち回っている間に、故意なのか偶然なのか、オテル・デュ・プログレの前を通り、もう一度入ることになりました。²¹⁶この国で最も堅固な古城の1つで、付属建造物を見て回りました。城壁の石に彫られた福島侯の紋章を見せてくれました。案内役のおかげで、警護隊の医師長と知り合いました。

　夜には、名古屋新聞を通じて知された大勢の人々が、このために借りた広大な会場で待ち受けていました。聴衆の数はわかりませんが、退場するときに15分かかったので、想像はできます。横浜を出発してから、これほどのぜいたくに慣れていませんでし

た。名古屋を発つときには、この勇敢な日本人に私たちの主が報いてくださるよう祈りました。

　前に述べたように、清洲と一宮にしばらく滞在しようと最初は考えていたのですが、走り抜けることしかできませんでした。子どもは祖先より堕落してしまった！ 早く確かめたいものです。[217]

8　美濃国（12月16日〜21日）

　旅の終わりが来ました！ 人生の終わりともなる！ それがこの前訪問したときに僧侶が私に投げつけた威嚇であったようです。この無意味な脅しに少しも動揺しませんでしたが、空いている会場を見つけられず、神の言葉を伝えることができないかもしれないと案じていました。そうなれば敵の勝利です。

　カテキスタが、その親戚の援助を得て、岐阜の町で旅館の2階を借りることができました。講演を新聞で知らせました。貼り紙をするとすぐに破られてしまいます。60人の聴衆で、全員が知識階級です。中には僧侶も数人いました。僧侶たちは、前回ほど苛立って騒がしくありませんでしたが、私の話をさえぎって、何度も大声で叫んだりしました。イギリス紙に掲載された「ノー、ノー」は、日本の新聞にも転載されました。途中で、私は論争をしたり、キリスト教の教義を強制したりするために来たのではなく、単に内容を説明するだけで、教えを知らずに抗議するのは適当でないし、信じるか信じないかは自由なのだと言いました。

　私の考えは理解できなかったようで、説教を再開するや否や、さらに激しい妨害が始まりました。今回は静かにするように言う

必要はなかったのです。3、4人の聴衆が、見事に片づけてくれました。目的のために、道理でなく、極端な手段に出たのです。この後は、静かに説教を終えることができました。

最も好意的であった聴衆の中に、岐阜県庁の役人がいて、彼の改宗は大きな意味があります。ご承知のとおり、政府はかつてキリスト教の名前を廃絶しようと乱暴な手段をとりました。当時、'キリシタン シュウ''パテレン シュウ''オルマン シュウ'の3派に区別されていました。キリシタンはラテン語のクリスティアヌスの変形です。パテレンは今でもキリスト教徒が宣教師を呼ぶパテルであって、当時はもっぱらイエズス会神父に使われていたようです。オルマンはポルトガルのイルマン（兄弟）に由来し、フランシスコ会士を指しました。密告すれば必ず派の重要性により報奨金が与えられたのです。毎年、日本人は信仰について厳しい取り調べを受け、禁じられた宗教に属していない証として、十字架を足で踏まねばなりませんでした。

見つかった宗教に関する本、信心用具は徹底的に集められ、公に焼却されました。しかし、新改宗者はこれを監視する役人の1人でした。一方でキリスト教徒たちの辛抱強さを、他方でこの教えに対する政府の憎しみを見て、当惑するばかりでした。そこで彼は物事を見極めようと決心し、焼却する本を1冊隠して、家で密かに読んだのです。ところが、この本は中国語で書かれていて、理解するのが難しく、この分野に関する翻訳で見つけられるものを全部手に入れました。

ついに彼は私たちの神学生、下級叙階されている井上秀斎[218]と知り合いました。後者は岐阜で扉を開くのに失望し、県庁所在地に

出向いて大胆に宗教について語るようになりました。そこで彼は、特に真理を求めていたその役人から歓迎されたのです。カテキスタの説明を聞くにつれ、光が心を照らし、彼が言うには、長いこと独房の中にいた後で、空の明るさを改めて見たような気持ちを感じたそうです。早速、小さい十字架を求め、いつも身に着けています。朝晩、祈りを唱えました。彼は1人でキリスト教徒になるのに満足せず、その情熱を同じ日本人に向けています。

　彼に洗礼を授けようとしましたが、そのときは断わりました。彼が言うには、十分に教えを学んでいないし、前もって上役に話しておかないと、後で聞いたら、怒りにまかせて免職するかもしれないとのことでした。夜になって、教えを学んだ後、私たちが泊まる場所がなくて困っているのを知ると、ためらわずに自分の家を提供してくれました。前述の話はそこで聞いたのです。彼は焼却を免れた本と同じ時代の小さな聖母像をまだ持っていました。

　僧侶の反対と仏教徒の狂信にもかかわらず、この地域で昔時の素晴らしい日々を再興するのは不可能ではありません。この求道者の振る舞いはその証しです。しかし、より速やかに成果を上げるためには、岐阜の拠点に補助者が必要です。カテキスタは、美濃国の首都から浜松に至る40里を巡回しなければならないので、ごくたまにしか訪れることができません。彼は自分を、'ユウビンノハイタツ'（田舎の郵便配達）と呼んでいます。

　岐阜での最後のそして最高の思い出は、自分の小さな畑を耕し、神父が来たときに秘跡を受けることだけを喜びとしている88歳の老人です。高齢にもかかわらず、まったく衰えることなく、素

晴らしい記憶力をもっています。目が少し弱くなったので、カテキズムの大切な部分を孫に大きな文字で書いてもらっています。この前の旅行のとき、孫娘たちにこう言っているのを聞きました。「さあ、カテキズムを忘れているか聞いてみなさい」そして、聖体の章を問いも答えも一言も間違えずに暗誦したのです。

　最後に岐阜から数里の大垣に泊まるつもりでした。しかし、三菱の大型汽船が翌12月20日横浜に向けて出航するというので、降誕祭の祝日を海上で迎えることにならぬよう、この機会を逃がさないように急ぎました。すぐに小さなサンパン[219]に乗り込みました。夜の間に大垣川を下り、朝、美濃国の一番はずれの桑名にいました。ミサを終えると旅を続け、数時間で伊勢国の港、四日市に着きました。

　8時に錨を上げました。朝、日の出前に甲板に出ると、驚いたことに伊豆の沖にいるではありませんか。午後2時、横浜に停泊しています。地上を90日かけて歩き回った距離を、18時間の航海です！ 後少しで同僚たちと会える！ 長く留守をして再会できるのはなんと幸せなことでしょうか！

　つまり、200里から230里を歩き、約50町村を訪問しました。36人に授洗し、キリスト教徒の数は1000人を超え、洗礼志願者は22人増えました。それがどうしたというのでしょう。300万人の異教徒と比較すれば！ 最近のキリスト教徒の多くが秘跡を受けました。新しい情報では、南部の沿岸地方の小さな拠点が少しずつ発展しそうです。かつての東海道（原注　その多くはレオン・パジェス『日本キリスト教史』による）と今日の東海道を比較し、昔時の出来事を掘り起こしたいと思いました。300年前から、人も

物もすべてが変わりました。政府は封建制度を廃し、権力を集中させました。このため個人の改宗はいっそう難しくなったのです。

　近代思想に触れた貴族の子孫たちは、宗教についてまったくの無関心を学び、表明しています。少なくともある程度豊かな暮らしをしている者はそうです。庶民は、ここでは行動し、意見を形成する権威を必要としていて、過去のものになりつつある旧来の信仰と国に起きている新しい状況を見て、どのように決心したらよいのか、もはやわからないのです。改宗事業を遅らせるほかの理由については述べません。外国人の不品行もあり、それはどこでも同じです。

　ああ、ヨーロッパの兄弟たちがこの状況を知ってくださるように！そうすれば、この日本という大変興味深い地に離教［正教徒］と異端［プロテスタント］が昂然と頭を上げるのを放っておかないでしょう。一方で「収穫のために働き手を送ってくださるように、収穫の主に願いなさい」［新約聖書マタイによる福音書9章38節］という救い主の言葉を繰り返し、他方で現時点での困難にもかかわらず、［カトリック］教会の勝利を確かにするために必要な財源を、献金箱の中に見いだすことができるでしょう。

　12月21日、テストヴィド神父は横浜に戻った。横浜で彼を出迎えた同僚とは、天主堂の主任司祭ミドン神父、そしてグナン神父 Louis Joseph GUENIN[220] であったろうか。1878年に来日したグナン神父もまた、ラングル教区の出である。

　この報告を読んだマルナス司教は巡回宣教師の働きについて次のように述べている。

「宣教師がこの宗教を諸国に広めるために驚くべき活動をしたことは、この旅行によってわかる。封建制度が廃止され、新政府に権力が集中したので、個人はもはや昔のように領主の力に従わず、個々に1人ずつつかまえてひとりひとり改宗させなければならない現在、異教から1000人ほどの人を獲得したのは微々たることであろうか。現在、貴族の子孫は、新しい思想の潮流に導かれて、宗教については完全に無関心であると表明している。庶民は、権威に従って行動し自分の意見をもつのが常であり、自分の古い信仰が崩壊し自国の局面を変えた新しい事態を見てどんな意見をもっていいのかもはやわかっていない。いやそうではない、1000もの魂を初めて我がものにしたことは些々たることではない。そして、たった1人の宣教師にゆだねられたこの広い区域にほんのわずか前まではカトリック教会が1人の信者さえもっていなかったことを考えると、この征服はむしろ反対に慰めになり、また将来の発展を約束するものであることがわかろう」[221]

　封建社会が漸次変化していく様子をヨーロッパ人の目でよくとらえている一文と言えよう。

　ところで第10書簡が掲載された『ミッション・カトリック』は、当時ヨーロッパ最大のカトリック宣教支援団体、信仰弘布会の週刊機関誌である。発行部数が数万と言われる同誌の記事は、人々の関心を集め、献金も期待できた。テストヴィド神父も、報告書を載せてもらおうと、パリ外国宣教会や故郷であるラングル教区から信仰弘布会への働きかけを強く要望していたことが次の第11書簡、1884年1月26日付でわかる。

　横浜に帰ってから1カ月後のこの書簡で、報告書の『ミッショ

ン・カトリック』掲載ができなければ、ラングル教区の教区報に載せてもらえないかを打診し、加筆も依頼している。結局、希望どおり掲載されるのだが、本書では日付順に収録した。

　この書簡も同郷のアルンブリュステ神父宛であろう。しかし、文中に神学校校長への伝言があり、これがアルンブリュステ神父であるとすると、他の人物に送ったのかもしれない。しかし、'シンパイ'とローマ字で綴っているので、日本の事情に通じている者であるのは確かだ。「2人の新しい同僚」とは、1月9日に到着したモリー神父 Zéphyrin Pierre MAURY[222] とド・ノアイユ神父 Olivier de NOAILLES[223][224] である。

第10書簡が掲載された『ミッション・カトリック』の記事
日本宣教への関心と献金を集めるために、テストヴィド師は掲載を強く希望していた。

第11書簡

1884年1月26日

親愛なる神父様

　ヴァランシエンヌ Valenciennes[225]付の手紙で、私の報告書の『ミッション・カトリック』掲載を当てにしてはいけないことはわかりました。

　活字化を少しも望んではいませんでしたが、ただ1つ残念なのは、取らぬ狸の皮算用をしたことです。打算的な目的で、数人にこの報告書の掲載を約束しました。ですから彼らに心から詫びねばなりません。

　私には考えがあります。それは、この報告書を『ミッション・カトリック』に頼んで、ラングルの『教区週報』[226]に送ることはできないでしょうか。そうすれば、少しは償えるし、約束を果たせます。その場合、『教区週報』の主幹であるガルニエ氏に送るにあたり、神父様から言葉を添えていただきたいのです。この報告書にできる限りの加筆をお願いいたします。最も重要なのは、ますます先細りになっている巡回宣教師の経費に小金を集めることです。

　私たちの苦境を理解していただくため単刀直入に言うと、1884年の割り当てはすでに使い果たし赤字です。オズーフ司教とプティエ神父が月に1000から2000ピアストル集められると仮定して、両替が額面どおりなので、それは現在の私たちにとってその日暮らしにしかなりません。両師が戻っても出発時より先へ

は進めないということです。要するに、当初から計画が万全ではなかったのです。サンフランシスコで700ピアストルしか集められなかったのですから。

　割当金は、今年修正されず、1883年から私たちは反目し合っています。いくばくかの資金が入手できた者は幸せです。日々支出は増し、収入は減る一方です。実際に、現状より悪化することを望んではおりませんが、将来は不安に満ちています。私名義の負債を埋め合わせるため、あらゆる手段を講じねばなりません。

　2人の新しい同僚に特別感謝しています。彼らは、感じがよく熱心です。ミドン神父は函館（聖パウロ修道女会）に黙想会の指導に行きました。彼の留守中、ヴィグルー神父が宣教についてあなたが関心のあることをお知らせするでしょう。

　私のことを'シンパイ'［心配］くださり、感謝しています。ご好意に甘えてばかりですが、ほかに手立てはありません。窮乏は悪しき助言者です。

　90日ほどの遠出から戻ったばかりで、しかるべきときにお伝えできませんでしたが、新年おめでとうございます。特に、敬愛する神学校校長にお詫び申し上げてください。

　祈りと聖なるミサに心を合わせ、同僚であり忠実な僕から感謝をこめて。

G. テストヴィド
m.ap.

追伸
　郵便為替20フランを受け取ったところですが、横浜では換金

できません。宣教師は全宣教師の委任状が必要だそうです。やむを得ない場合は、この為替を送ってくれた修道女に戻して、この金額が私に届くようにしてください。

G.T.m.ap.

　次の第12書簡は第11書簡から3カ月後の1884年5月1日付である。3月ごろからの巡回から戻り、すぐ次の旅に出かける間に書かれた短い書簡である。この書簡は、当時ムードン Meudon 所在のパリ外国宣教会哲学課程神学校校長職にあったアルンブリュステ神父宛と考えてよかろう。

　第10書簡が載った『ミッション・カトリック』の発送と為替の入金依頼が主な用件である。折しもインドシナ半島ではベトナム北部のトンキンの支配をめぐってフランスと清の対立が深まり、大きな戦争に発展する直前で、本国の人々の耳目もそこに集まることを残念に感じていたようだ。また、資金不足、神学生の問題に加えて、フランスに残してきた家族の近況を知らせている。

　ボリ司教 Pierre BORIE DUMOULIN、コルネイ神父 Jean Charles CORNAY、マルシャン神父 Joseph MARCHAND は、インドシナ半島で殉教したパリ外国宣教会の宣教師である。モール神父 MORES についてはわからない。

　親しい友人に宛てたような印象の書簡だ。近日中に新たな宣教旅行に出発し、6月中旬の黙想会までに戻るという予定が記されているが、地域については言及していない。

第12書簡

横浜　1884年5月1日

親愛なる神父様、

　神父様によるモール神父への働きかけが実を結んだことがわかりました。『ミッション・カトリック』に私の報告が掲載されました。残念ながら、読者の関心はトンキンでの出来事に集まるのではないかと思います。

　もはやどこを向けば必要な資金を手に入れられるかわかりません。新しい事業を始めるのではなく、従来のものを守るためです。オズーフ司教とプティエ神父は日々の糧を得るために大変な苦労をしています。これから先うまくいくでしょうか。疑わしいです。なすべきことがあまりにも多いのです。

　しばらく前から'シンパイ'〔心配〕してくださり、ありがとうございます。あなたはムードン〔神学校〕とそこに住む哲学課程の学生だけに時間を費やしているに違いありません。しかし、貧しき者は生来うるさいものであり、私はその1人です。

　ルルドの素晴らしい水は母に効きました。縫い物ができるそうです。弟は『ミッション・カトリック』を興味深く読んでいます。以前より元気になったようです。ボリ司教、コルネイ神父、マルシャン神父など殉教者の伝記を送ってほしいとのことでした。パリの神学校にあるものを一部送っていただけませんでしょうか。それに彼はやっと結婚しました。義理の妹は同じ村の生まれで、美人で丈夫らしい。家族の雰囲気を多少明るくするでしょう。こ

れからは安心です。

　49日間留守にしていましたが、横浜に戻りました。6月15日の黙想会までですが、すぐに旅用の杖を持たなければなりません。

　私たち使命を帯びた旅人たちの帰還を待つ間、誰もが一生懸命働いています。復活祭には160人の洗礼がありました。今一番心配な活動は神学校です。代牧区長代理からも報告があると思いますが鈴木神父が還俗しました。彼の妻がついていったのでしょう。こうしたことが日本における宗教の信用を失墜させるのです。

　50フランの郵便為替をまた受け取りました。送り返しますので、私の収入に入れてください。私の報告書が掲載された『ミッション・カトリック』を送ってほしいとお願いした人たちのリストをお持ちでしょうか！現状を考えるとあまり期待できません。

　親愛なる神父様、祈りに心を合わせ、敬意をこめて。

　あなたの同僚。

G. テストヴィド
m.ap.

　この書簡も、宣教活動の最前線にあった神父の宣教師と資金不足の訴えであった。

3. 芝生村天主堂と若葉町教会

　1884（明治17）年1月の第11書簡と5月の第12書簡の間の時期、テストヴィド神父の書簡はないが、外国人居留地外の横浜地域に日本人のための教会が建立されたという、従来一般に知られてい

ない記録がある。

　そもそも現在の横浜市内には、1862年開国後最初のカトリック教会として横浜天主堂が献堂され、日本再宣教の拠点となっていた。「横浜でも邦人に対する布教はすでに明治6年の高札撤廃以前から、地味ではあるが着実に行われ始めていた」[234]ようだ。1878年オズーフ司教は北緯代牧区の司教座を東京に移したが、横浜ではパリ外国宣教会の宣教師とサン・モール修道会の修道女とが協力して、居留地と隣接する地域で日本人への宣教にあたっていた。

　さまざまな文献に、隣接地域として挙がっているのは、若葉町、野毛町、そして芝生村［現在の浅間町］である。いずれも東海道から横浜の外国人居留地に向かう横浜道沿いにあった。横浜道は、芝生村を起点に現在の横浜市西区から中区を通る。開港前は吉田新田や平沼新田などの湿地に海が迫り、神奈川から横浜港に向かう道がなかったため、開港にあたり急きょ造成したのである。当然のことであるが、開港場に出入りする人々で賑わった。

　ここで禁教下においてすでに宣教師と修道女の活動が始まっていたというのである。しかし、その経緯は断片的にしかわからない。教会発行の年誌などでは、1872年に「若葉町近郊」[235]で将来の日本人のための教会建設を視野に入れた動きがあり、1880年「若葉町近辺」[236]に、1882年芝生村[237]に家を借りて拠点としたなどと伝えられている。また、「これまで日本人の信者は、外人信者とともに聖心教会［横浜天主堂］に属していたが、日本人信者の増加と布教の増進は、別に邦人教会設立の機運を促していた。明治20［1887］年になって、サン・モール会修道女の後援により、特に日本人のために野毛2丁目に伝道所を設立、同時に浅間下にあった

説教所は廃止された」とある。一説には、野毛の拠点は1年程度で火災のため消失したと言われる。しかしながら、いずれも出典が示されていないため、事実関係がはっきりしない。

1889年には、若葉町に「ゲナン［グナン］師が日本人共同体のために新しい家をもつ」と、翌年「多くの日本人信者が参集することができるように、新たに以前に入手していた土地に小教区の設立を本格的に計画した」のだった。これは1894年、若葉町教会の献堂によって実現した。この教会は1945年5月29日の横浜大空襲で灰燼に帰し、戦後に末吉町教会として再建され現在に至る。

前述のとおり、若葉町教会より10年早く芝生村に教会が建設されたとする記事が『公教萬報』にある。すなわち、1884年2月16日発行の同誌が、同年2月3日日曜日に執り行われた芝生村の新しい聖堂、聖ヤコブにささげられた芝生村天主堂の献堂式の様子を次のとおり伝えているのである。

「芝生村に新たに建設せし聖堂の開堂式を挙行せられたり。横浜及び東京本会の神父いずれも早朝より参会して、うやうやしく

若葉町教会　横浜で最初の日本人小教区

午前10時より祝聖酒水儀を行い、ミサ聖祭をささげられ終わりて、神父の説教をはじめとして、信者の祝詞等もありて、すこぶる盛大また景況なりし。聖洗［洗礼の秘跡］を拝領する者5人、また奉教志願人［洗礼志願者］の小試験を受ける者数名にして、当所の信者はいうまでもなく、横浜東京より参集せし信者数十名ことごとく堂内に充満したれば、後れて来たりし者はやむを得ず堂外に立ちて拝礼するに至りたり」243

このときオズーフ司教は欧米に渡り不在であったので、横浜天主堂主任司祭のミドン神父が式を司ったのであろうか。グナン神父はもちろん、テストヴィド神父も横浜にいた時期と考えられるから参加したであろう。キリスト教徒でない日本人も大勢見物に来たようで、混雑で中には入れないため、外で祈りの言葉を聞いていたという。祝いの儀式は午後も続いた。

「午後零時まったくその式を終わり、再び4時より十字架の道行を勤めらる。これ殿内へ新たに14留の聖額を掛くるによりてなり。それより神父および伝教士［カテキスタ］の講義ありて5時15分に至りて一同退殿したりき」244

こうして午前午後合わせて3時間余りの儀式が幕を閉じた。

この献堂式で祝辞を述べたのは、信者の三好箭蔵245と團方246である。祝辞の中にこの地域における宣教活動のあらましが述べられている個所を引用しておく。

三好は、「神父某師あり。遠く泰西［ヨーロッパ］の楽土より来りて、我らのために数年間の心力を費やし、幾多の艱難をなめて、まさに我らが他の誘惑に陥らんとするを救助して、天路の方向を示されたり。実に我らの洪福なる。何をもってかこの特恩を謝す

るを得んや。師平生天に事へて、よく人を愛するの心志ますます堅きより、ついに客歳巨費を投じ、工事をこの地に興し、一座の聖堂を敬立せられしが、ようやく経営の成功を奏せして、もってすなわち今月今日開堂の聖式を挙行して初めて聖ミサをささげられたり」と述べている。

　また團は、「明治10［1877］年神奈川県下武蔵国橘樹郡芝生村に始めて横浜分教会所を仮設せり。予が師父哲多味神父これを管督し、しこうして教友目黒氏なる者伝道士［カテキスタ］の任を奉じ、当地に来たり、聖理［カテキズム］を講明す。（中略）今や同村内に地を相し殿堂一宇を新築し、これを長聖ジャコブ聖堂と号け、一教会の基礎を建てたり。すでに落成して、本月本日神父親臨して荘厳なる開堂の聖式を執行す。これにおいて各村の信徒西より東より来たり会する者堂内に充満せり」という。

　團の言葉に、1877年「芝生村に始めて横浜分教会所を仮設せり」とあることに注目しておきたい。この年は横浜天主堂の「分教会」が八王子の壱部方村に置かれた年でもある。また「哲多味」がテストヴィド神父を指していることは明らかだ。「神父某師」と「神父親臨」の神父も同じかもしれない。

　『年次報告』（1884年）にあるミドン神父の報告にも、「神奈川に美しい聖堂が建てられて、去る2月に行われた盛大な落成式には、土地の信者だけでなく、横浜の信者も多数参加した」とあり、この教会の存在を証ししている。現時点で、芝生村天主堂についてわかっていることはこれだけである。

　同じミドン神父によれば、横浜には内外から仕事や商売だけが目的の移住者が多い上、キリスト教国から来ている外国人の堕落

した生活やプロテスタント宣教師の活発な活動にもかかわらず、カトリックの「信者共同体は発展し、強められていく。信徒の信心も目に見えて進歩し、主日と祝日には、聖なる食卓は決してひっそりとしていない。聖母月［5月］と聖心の月［6月］も参加者が多い。初金曜日には、聖心の信心会のメンバーが、忠実にミサに参加して聖体拝領をする（1883年と1884年には、新会員14人が信心会に入会した）」とある。信徒たちの熱心な信仰生活の様子が、横浜天主堂のことであるか、芝生村天主堂であるかは不明である。

　芝生村は、もともと東海道沿いである上に、厚木・八王子へ向かう街道が通り内陸部とも、また袖ヶ浦と呼ばれた港があり、国内のほかの地方とも文物や情報が行き交う土地柄であった。開港

サン・モール会の日本人修道女山上カク

に伴う横浜道の開通という地の利を活かして、住民の中には関内の居留地に店を構えて商人として活躍した者も少なくなかった[252]。

　芝生村天主堂と若葉町教会の関係をどう見るかは今後の課題であり、他の史料の発見が待たれる。しかし、外国人居留地外の横浜における初期の宣教は、当初プティエ神父が、続いてミドン神父、テストヴィド神父、グナン神父らがサン・モール修道会とともに活動を始め、東海道と横浜道沿いに複数の拠点を設置したのではないだろうか。特に、日本人修道女山上カクは医療活動も行っていた。カクは「毎日、横浜の街を歩き回り、不幸な人の世話をし、病人を見舞い、野毛山集会所でキリスト教要理［カテキズム］を教え」[253]ていたのであった。

　1884年に献堂された芝生村天主堂がいつまで存在していたのかは判然としないが、1887年に野毛町に移転して廃止されたのであれば、わずか3年の間に何らかの事情で失われたことになる。若葉町教会の洗礼台帳が、1872年から始まることにも鑑み、芝生村天主堂を含む、居留地隣接地域のいくつかの拠点が、若葉町教会に集約され、現在の末吉町教会に引き継がれたと推測できるのではないか。

　なお、若葉町・末吉町教会の記録によれば、主任司祭は、「初代グナン神父（在任1881〜1887）」[254]と記されている。

4．プティジャン司教時代の終焉 —— 第13書簡

　1884（明治17）年10月7日、幕末維新期のカトリック教会を牽引し、「第2の聖フランシスコ・ザビエル」[255]とも呼ばれるようになる

プティジャン司教が長崎で帰天した。司教の時代は、再宣教がキリシタン禁令下で始まり、高札の撤去を経て発展した時代である。教会堂の建設、潜伏キリシタンの発見、信教の自由実現のための活動、教理書出版、異教徒への宣教、日本人司祭養成、修道会招聘、代牧区分割など、再宣教初期の重要な事柄が集中している。

この時代、日本全体の教勢も伸長した。司教が那覇に上陸した1860年、宣教師は横浜と那覇に合わせて4人であったのに対して、帰天した1884年には司教3人、宣教師53人、日本人司祭3人、神学生79人、信徒は約3万人を数えたのである。[256]

マルナス司教も1884年について次のように述べている。

「宣教師が来日してから時代はすっかり変わった。外国人との関係を長い間拒否していた日本人は、外国人と接触してから、その心の中で革命が徐々に行われた。イエスの邪教に対する昔の敵意は寛容に席を譲った」と。[257]

もちろん、長年日本を覆ってきたキリスト教邪教感が全国的に払拭されたとは考えられない。しかし、自由民権運動や国会開設の動き、欧米文化の受容により、人々の生活や考え方に変化があり、キリスト教に関心を寄せる者が増えたとは言えよう。

次の第13書簡、1885年1月2日付も、プティジャン司教のもとで活動したテストヴィド神父自身が来日当初と比して信徒が増加し、宣教活動が開拓時代から新しい時代に入ったことを綴っている。鉄道の開通を待ち望む様子も伺える。書簡の宛先の校長は、函館が「校長の昔の赴任先」とあるので、1868年同地に赴いたアルンブリュステ神父である。

若いコシュリ神父 Alexis COCHERIE[258] とダリベール神父 Pierre

Desiré DALIBERT²⁵⁹の到着を喜ぶ様子が伝わってくる。後の東京大司教レイ神父 Jean Pierre REY²⁶⁰の名前も挙がっている。

第13書簡

横浜　1885年1月2日

神学校校長様

　ミドン代牧区長代理が降誕祭と例年どおり年末のさまざまな用事で多忙のため、新しい2人の同僚、コシュリ神父とダリベール神父の喜ばしい到着を代わりに知らせるようにとのことです。

　前者はすでにブロートランド神父とレイ神父がいる浅草に赴任し、多少フランス語のできる現地人教師について日本語学習を始めています。後者は函館まで連れて行ってくれる三菱の船を横浜で待っているところです。そこは確か校長の昔の赴任先だったと思います。2人とも意欲に満ちており、私のように禿げかけているか、もしくは白髪混じりになった年老いた巡回者の良き助手にすぐなるでしょう！彼らは先人のような、道を切り開くための苦労を経験しないでしょう。私たちが見た1873年の日本と現在の日本とはなんと違うことでしょう！

　私は75歳まで生きなければならないようなので、まだ40年間の巡回が残っています！幸いにも、日本人は大急ぎで鉄道建設に全力を注いでいます！そうでなければ私の夢はかなり危ういでしょう！いずれにせよ、確実に前に進んでいます。プティジャン司教が私に横浜を任されたころ、小教区の信徒は印刷業に従事

していた長崎のキリスト教徒のみでした。今では年に2回、1200人以上の新しい信徒を訪問しなければなりません！

　聖母被昇天祭以来、約100人に洗礼を授け、複数の地域が将来への大いなる希望を与えてくれています！　唯一の問題は新しい拠点設立に必要な準備資金の調達です。

　私の活動について詳細をお伝えできたらと願っています。必ずや興味をもっていただけるでしょう。残念ながら'ショウガツ'［正月］で非常に忙しく、今はあなたと神学校の各地区顧問の皆様に新年のご挨拶を述べるだけにいたします。少し遅くなりますが、皆様の状況と活動に影響はないでしょう！

　尊敬する校長様、私たちの主にある敬意と感謝をお受け入れください。

　　あなたの謙虚で従順な僕。

G. テストヴィド

m.ap.

　この1884年、テストヴィド神父の活動について、ミドン神父が書いた報告書や各地の教会で編まれた文献にあることを記しておく。時期に関する情報が少なく、前述の内容と重複する個所もある可能性は否定できない。

　まず、長期の巡回はわかっている範囲で、3月から4月までの約7週間と、9月16日からの神奈川県と静岡県の旅である。前者は地域が、後者は期間が不明だ。ただし、後者の報告が、『公教萬報』同年11月16日[261]と12月16日[262]発行の両号に掲載されているので、11月上旬には横浜に戻っていたのであろう。

同誌によれば、台風の直後であったが、事前にスケジュールを知らせてあるので、予定どおり9月16日に横浜を発った。厚木を目指したが、途中川が増水して渡れず、近くの農家に泊まって、翌日厚木の信徒の家々を回って無事を確認する。同地まで小田原のカテキスタが迎えに来た。さらに静岡から浜松に向かうと、信徒30余人が神父を天竜川まで出迎えて、「車にて走り」、行き交う人々が驚いて注目したとある。浜松には20日間滞在し、富塚・二俣・河西・見付などで説教をすると、聴衆が大勢集まった。10月19日日曜日には、33人に洗礼を授け、婚姻の秘跡も執り行った。浜松で、宣教を支援する信徳会と病者などを援助する愛徳会が設立されたのもこの月である。

　帰路は、見付まで見送りに来た浜松の信徒に別れを告げ、掛川で1人に洗礼を授け、日坂の洗礼希望者には金谷の教会で授洗した。10月29日藤枝着。藤枝教会の信者は少ないが、篤い信仰をもっている。町の内外で説教をすると多くの聴衆が教えに賛同したという。

　この旅行では「静岡と沼津とに伝教士［カテキスタ］を設けた」のを特別なこととして挙げている。ロシア正教会やプロテスタントの勢力拡大のための対抗措置だが、両地とも17世紀にあったカトリック教会を「再興するは実に我らの務めなるものなり」だからでもあった。静岡では城の堀に面した鷹匠町に家を借りて聖ドミニコにささげる教会としたが、「信徒の集会の場所もなく、また核となるべき信徒もいない状態」であった。このため浜松の信徒押山復禄・たつ夫妻らを常駐させたのは10月ごろで、「ロシア教徒［正教徒］と新教徒［プロテスタント］の家の真向かい」であっ

たようだ。

　他方、それまで静岡県東部の宣教拠点であった松長に代わって、新たに交通や産業の中心地となった沼津が浮上していた。翌年、同地に教会が建てられるので、その準備にカテキスタを置いたのではなかろうか。ロシア正教会から回宗した人物が熱心であったという記録も残っている。[271]

　また、テストヴィド神父は、伊豆・小田原・十日市場・砂川・拝島・八王子の壱分方などに展望が開けると期待している。[272]八王子では町中の八日町に家を借りてカテキスタが住むようにもなった。[273]『年次報告』（1884年）に、担当地区の信徒は「1173人」とある。[274]

5．沼津と砂川に教会誕生 ── 第14書簡

　南緯代牧区のプティジャン司教の臨終を看取ったロケーニュ副司教が翌1885（明治18）年1月17日大阪で没し、クザン司教がその後継者として9月21日に叙階された。北緯代牧区のオズーフ司教は、ヨーロッパから戻り、8月19日横浜に上陸、9月12日教皇レオ13世 Leo XⅢ の親書を天皇に贈った。[275]日本のカトリック教会が新しい時代を迎えたと言ってよかろう。

　当時、北緯代牧区を巡回していた宣教師は11人いた。神奈川県から岐阜県担当のテストヴィド神父以外に、関東地方から北海道までの各地で、ヴィグルー神父、カディヤック神父 Hippolyte CADILHAC[276]、テュルパン神父 Auguste Ernest TULPIN[277]、ラフォン神父 Jean Hneri LAFON[278]、フォリー神父、ベルリオーズ神父 Alexandre BERLIOZ[279]、ドルアール・ド・レゼー神父、ド・ノアイ

ユ神父、クレマン神父 Auguste CLEMENT[280]、エヴラール神父である。

1885（明治18）年、テストヴィド神父がかかわった地域では、砂川と沼津に教会が建設された。

砂川教会[281]の献堂式は3月12日に行われた。献堂式報告に、エヴラール神父がミサをささげ、ルコント神父、リニュール神父 François Alfred LIGNEUL[282]、レイ神父が補佐を務めたとあるが、テストヴィド神父の名はない。祝辞の中に、「[1878][明治]11年ごろより該村[砂川村]の信徒境弥兵衛なる人で伝教の補佐となりしより、3、40名の信者を増出せしなり。当時テットビット[テストヴィド]神父の受け持ち場所と定まり、日々月々奉教人も多くなりたり[283]」とあり、2年ほど続いたが、この式には参列していなかったようだ。[284]

沼津教会は沼津城内本通[現在の北端]に新築された。その「規模宏大壮麗[285]」については、次の第14書簡に詳細が綴られている。これは1885年12月26日付アルンブリュステ神父宛の長い手紙である。11月15日[286]にオズーフ司教が司った沼津教会の献堂式の様子と建設の経緯も詳しく述べられている。匿名の寄付への感謝を表明し、5年間に東京から沼津までの間の拠点が増加したことを指摘、併せて次の目標は信徒数が増加しつつあった静岡の教会堂建設であると宣言している。

ベトナムでの「不幸な出来事」とは、ベトナムがフランスの保護国となったことを指すのか。それとも大規模なキリスト教への弾圧であろうか。おそらく後者であろう。

そもそも19世紀半ば、ナポレオン3世時代、フランスのインドシ

ナ半島侵攻は、キリスト教の解禁と宣教師の保護を口実に始まった。1882年から2年間、宣教師の殺害、現地の信徒への迫害、教会などの施設の破壊が続いた。宗主権を主張する清との戦争に勝利を収めたフランスが、ベトナムとフエ条約を結んで保護国化し、キリスト教宣教の自由は確保されるに至ったのである。しかし、フランスにおいて、「帝国主義の時代に『文明化』のイデオロギーが直接『キリスト教化』を意味したとするのは、早計に思われる」²⁸⁷という見方もある。第3共和政が成立し、政教分離政策が進むと、「現地植民地政府官僚と教会の間には軋轢」²⁸⁸が生じることになる。こうした事情に鑑み、「不幸な出来事」とはいずれを指すのか、逡巡した次第である。

第14書簡

横浜　1885年12月26日

親愛なる神父様

以前あなたが篤志家からとして日本に新しい拠点を置くために特別な寄付を送ってくださいました。このありがたい寄付の中から、沼津にカテキスタを置くことができました。願いの1つを実現させてくれた親切な人が誰なのかわからないため、私は直接お礼を申し上げることができません。新しい施設について報告するこの手紙を、その人物にお渡しください。

沼津のキリスト教徒と、とりわけその司牧にあたっている宣教師からの感謝を、強い信仰によって申し上げます。沼津は、横浜

から南西へ25里、人口3万人の都市です。かねてよりここに礼拝堂を建てたかったのです。そこから1里の場所に、松長のキリスト教徒のための集会に使っている家があります。しかし、ここは中心になる村でなく、そして最初のキリスト教徒は貧困のために散り散りになってしまい、神の意志により町の真中に移れるようになるのを待っていました。そこは東海道という街道に位置していて、伊豆国西岸のすべての漁船、そして御厨と甲州の平野から商人が来るところです。

　本日仕事は終わりました。つまり事業が完成しました。私たちは神が善意の人に、このささげものをするよう導いてくださったことに心から感謝いたします。これからも神はそうしてくださるでしょう。

　新しい礼拝堂は、木造ではありますが非常によくできています。外壁は塗装されており、内壁には壁紙が施され、きれいな木製の祭壇も備えています。少し高いところに半円形の至聖所があります。この国の慣習である正座した状態で300人を入れることができ、後方には宣教師のための部屋もあるのです。今後は、すべての建物が私たちの所有する土地に建てられ、町の中心にありながら騒音は聞こえません。守護聖人は聖イグナチオ・デ・ロヨラで、その弟子がこの教会が建てられた地方に宣教をしたのです。献堂式は今年の11月15日にオズーフ司教によって厳かに執り行われ、リニュール神父と私が立ち会いました。

　式典は多くの未信徒の参加によって非常に盛大でした。彼らは事前にこのカトリック行事について準備をした上で参加したいと願っていたのです。ミサの前にアルシノエ司教［オズーフ］は12

人に堅信式を行いました。ミサ聖祭の際には福音を語り、熱心な使徒的言葉に、信徒も未信徒も教えを理解しようと一生懸命聞いていました。そして、お昼頃にスピーチをした7人は、このような場にふさわしい挨拶をし、兄弟としての会食がキリストにある喜びのうちに町と近郊の信徒を1つにしました。夕方、幼きイエス会［サン・モール修道会］の修道女たちによる十字架の道行が行われ、リニュール神父の大演説がこの日を締めくくりました。皆の心の中に素晴らしい思い出が残ったのです。

　この最初の至聖所はささやかですが、ひよこが巣に温まりに来るように、新しい信徒たちが集まって温まります。彼らの行動に対する宣教師の喜びを理解するには、どれだけの旅をし、話し合い、さまざまな悩みがあったかを知らねばなりません。異教徒ばかりの村に教会を建てるには、まず宿屋に泊まり、知り合いを作り、何人かの信頼を得、多くの失望を味わいながらも、最初の人々にカテキズムを教え、その後最初の洗礼式ですが、これで終わりではありません！　それから家を借り、カテキスタを置いて面倒を見、新しく恩寵のもとに生まれた者たちを支え、特に最初は多くの困難を乗り越えなければならないのです。家族が増えるにつれ、神のみ心によって、教会をもつという皆の切なる願いを実現させていただくよう待つのです。そして町のひときわ高い屋根の上に白い十字架がそびえ、正面に神の家'テンシュドウ'［天主堂］と金色の文字で書かれた看板を初めて見たときには、この小さな群れの神父にとっても子どもたちにとっても、お祭りのような騒ぎです！　これにかかわった善意の人たちがそこにいて、彼らの口から感謝の思いを聞き、信徒になったばかりの人の熱心さや彼

らが教会堂に集まるための熱意を見、異教徒を自分たちで教育するために連れてくるという聖なる喜び分かち合えますように！

しかし、神は少しずつ幸せを与えてくださいました。5年前、オズーフ司教が広大な宣教地区のこの地域を訪問したときには、70里にたった3カ所の宿泊所しかなく、ほかでは他人の家に泊まらなければならなかったのです。今回は8カ所の拠点があり、ほかに宿泊することなく旅を終えました。しかし、8つのうち5つは賃貸で、教会がありません。

しかしながら、私たちが仕える神は、沼津になさったように、きっと善意のある人を集めて、この地に天の主が来られる際に迎え入れる場所［教会］をつくってくれるでしょう。なんという考えでしょう！ しかし確かなことです。神は被造物の中では部外者なのです！

コーチシナとトンキン［いずれもベトナム］の宣教地区での不幸な出来事を理解し、同胞の支援と注目がそちらに注がれてしまうことに驚きません。しかしながら、別の見方をすれば日本も興味を欠くことはありません。今こそ少人数の教皇庁派遣の働き人［パリ外国宣教会宣教師］は活動と熱意を倍増しなければならないのです。

［教皇］レオ13世から日本の天皇への働きかけがあり、オズーフ司教が歓迎されると、宗教問題が話題になり、プロテスタントとロシア人［正教徒］も'ミカド'［帝］が宗教に関係なく国民に約束した保護に預かりたいと考えています。これらの侵入者に先を越されれば、修復できない災難になるでしょう！

ところで、ご存じのように、教会の建設によってのみ決定的な

拠点が設けられます。私にとって、いろいろな理由ですぐに拠点にしたいのは静岡です。この町は、すでに私たちの拠点がある浜松そして沼津と等間隔の距離に位置し、7万人の人口を数えます。その地のキリスト教に関することを、何度かお話しました。昨年、最初に入居していた騒々しい地区から、これも質素な家ではありますが市の中心で家康が建て、1612年に有名な迫害の勅令が出された古い城の一角に移りました。この古い大きな町に、すでに30人以上のキリスト教徒がいます！ 異教徒に比べると少ないのですが、つい最近来たばかりであると考えれば多いわけです。離教者［正教徒］たちは5、6年住んでも、私たちほど信徒がいませんし、そのうえ分割されています！ プロテスタントも莫大な資金をもち、数多くのカテキスタを派遣しましたが、日曜日には集会場のたった2つの装飾品である説教壇と世界地図の周りに約15人を集めるのがやっとなのです！

　神にふさわしい教会を早く静岡にもちたいのです！ 日本のネロの宮殿の崩壊した壁の上に立ち、ラクタンティウス Lactance[289]の「迫害者の死[290]」について話し、そこに家康の名をつけ加えたいものです！ この日は喜んで歌うでしょう。少なくとも「シメオンの賛歌[291]」の第1節を！

　敬愛する地区顧問様、僕であり同僚である者からの敬意と感謝をお受け入れください。

G．テストヴィド

　感嘆符の多い後半の文面から、彼の宣教への熱意が伝わってくる書簡である。

『年次報告』(1885年)に、江戸時代に殉教者を多数出した静岡では、1年間に30人に洗礼を授けたとある。また、厚木では、イギリス人宣教師ギャラット William F.H.GARRAT [292] がカトリックに回宗し、テストヴィド神父を助けた。横浜では、天主堂主任司祭がミドン神父からプティエ神父に代わった。そして、その近郊、すなわち芝生村天主堂などは、留守の多いテストヴィド神父を、6歳年下のグナン神父が横浜天主堂から来て助けていた [293]。「彼らは今年、235人の受洗者を獲得し、この地区のカトリック人口は、今では1745人にのぼっている。この数は、他の諸宗派のそれを凌ぐものである」[294]

　このころ、宣教の進展とともに、日本人カテキスタの養成が急務であったようだ。その担当は、テストヴィド神父と同郷のブロートランド神父であったが、資金難により頓挫していた [295]。宣教師たちは、働き人と資金が与えられるようにとの祈りをささげる日々であったに違いない。

神山の地に最初に建てられた病棟

第五章 神山復生病院設立(1886〜1891)

1. 神奈川県と静岡県の巡回宣教

　『年次報告』（1886年）によると、同年テストヴィド神父の巡回担当地域が、横浜以外の「武蔵の一部、相模、伊豆、駿河、遠江」[296]、すなわち現在の東京都の一部、神奈川県、静岡県になった。神父は「この広大な土地を6人の伝道師［カテキスタ］と伝道師を志す数人の信者の助けを借りて耕して」[297]いた。横浜をミドン神父とグナン神父が、愛知県と岐阜県をテュルパン神父が担当することになったためである。

　テストヴィド神父が1886（明治19）年と1887年に書いた直筆書簡は1通も発見できないが、神父の東海道筋への旅は、1886年前半にもあったと思われる。各地の教会が発行している年誌などに季節や月日が示してある記述があるからだ。十分な裏付けはないし、脱漏の事柄もあるかもしれないが、参考のために管見の範囲で記しておくと、3月14日藤枝教会で洗礼式を[298]、5月12日に沼津教会でも最初の洗礼式を執り行っている[299]。

　また、『公教萬報』を継承したカトリック月刊誌『天主之番兵』によれば、テストヴィド神父は、1886年9月20日から11月15日まで静岡県を[300]、11月22日から12月23日まで神奈川県を回ったことがわかる[301]。厚木に教会を建設したのは、このときであったと考えられる[302]。

　同誌によれば、1886年の巡回での受洗者は、浜松・二俣・静岡・藤枝・沼津・小田原・砂川・八王子・壱分方で、合計40人であった。特に、浜松では教会学校が大きく発展し、生徒数は60人を超えた。

静岡にも同じような学校の計画を進めていた。「そのためには［前年］鷹匠町の教会の建物は手狭で、近くの大きな家を安く借りてみたものの、（中略）教会と学校の建物としては不適当であるということになり、教会は『翌月、研屋町に移転された[303]』」のであって、これが1886年11月か12月と考えられている[304]。

こうして「神奈川及び静岡二県での洗礼数310[305]。新しくできた布教拠点、見付と厚木、藤枝で死者の埋葬についての自由を要求した。（中略）藤枝、静岡、松長の各拠点において、子どもたちを教える先生は信者である。以上が今年度の主な布教成果であり、このために、主に最も篤い感謝をささげている[306]」と、『年次報告』が伝えている。また、カトリックに改宗した前述のギャラットは帰英後、「厚木にテストヴィド師がつい最近建てた小さい施設の費用を一年間負担してくださった。今のところ、ガラット［ギャラット］氏の以前の弟子たちがカトリックに改宗する希望はあまりない。というのは、この人たちは　物質的なものにしか興味を覚えていないようだからである。しかし、この厚木の恩人の熱心な祈りがいつの日か実を結ぶよう希望している[307]」とある。

また、翌1887年2月から3月まで静岡県を、4月18日から5月18日[308]まで神奈川県を巡教した[309]。静岡県では、浜松から御殿場までの教会で40人に洗礼を授け、藤枝や小田原でも信者の信仰が育っていると報告した。また神奈川県では、「10余カ所の教会を巡回して」32人に授洗した[310]。訪問した村々は、まだ信徒のいない北野村、桜が美しく咲く小金村、子どもたちが着飾って出迎えてくれた長沼、カテキスタの一條鉄郎[311]が東京の猿楽町教会に移ったと聞くことになった砂川、神社の祭礼があり説教会を開催できなかった青梅村、

「寺院を買い上げ、その本堂をもって我が教会の会堂に充てんと目下骨折り中」[312]の氷川村を経て、拝島に至った。

テストヴィド神父にかかわる同年のこととして、1月に静岡の教会付属学校の開校[313]、5月21日に沼津近郊の松長教会で執り行った最後の洗礼式[314]を挙げておく。伊豆半島の長岡近くの江間[315]に集会場を設置して聖レギナの保護のもとに置いた[316]のもこのころのようだ。

『年次報告』で、テストヴィド神父は次のように述べている。

「静岡では特に伝道師［カテキスタ］に協力を惜しまない幾人かのあっぱれな青年たちのおかげで、我々がそこへ行くたびに新信者が増えている。この青年たちは役場に勤めている人々だが、自分たちの信仰を公にすることを恐れず、世間体を気にせず胸に小さい十字架をかけている。彼らは秘跡にあずかるのを幸福とし人々の前で宗教についての講話をする栄誉を競い合っている[317]」

カテキスタとは荒木福明や伊藤祐清、「あっぱれな青年たち」とは、教育界で活躍した村越金造[318]や警察署長を歴任した福田光英[319]らのことか。

テストヴィド神父は横浜の担当からは外れたが、巡回の旅から戻ればこの地域のために労を惜しまなかったであろうことは、容易に推測できる。活動のフィールドは居留地内外に広がっていたはずだ。例えば、『年次報告』（1887年）には、「横浜の隣接地域で、テストヴィド師は、ますます影響力を強めているプロテスタントと論争しなければならなかった[320]」とある。

この年7月11日、横浜から国府津まで東海道線が開通し、宣教師の移動にも変化があったのではないかと思われる。なお、マリア会[321]が来日し、東京で学校教育に着手した。

2. 神山復生病院誕生までの道程 ── 第15書簡・第16書簡

　静岡県の御殿場は、古来より関東地方と京都を結ぶ交通の要衝であった。東海道から甲州や厚木にも通じてもいた。19世紀にキリスト教各派の宣教師が東海道沿いに福音宣教を始めると、御殿場は小田原・箱根などとともに宣教の拠点となった。カトリック教会では、ルコント神父や松長出身のカテキスタ鈴木孫四郎[322]がテストヴィド神父より前にこの地を訪れている。[323]

　テストヴィド神父がこの地域に初めて赴いたのは、東海道の担当となった1881（明治14）年ごろと考えられる。その途上、ハンセン病の女性と出会ったのが、後年日本最初のハンセン病院、神山復生病院創設の動機となった。この出会いがいつであったのかは、はっきりしない。前掲の第10書簡にはすでに洗礼を受けた女性として登場するのだから、1883年11月より前である。したがって、モニカの洗礼名で知られるこの女性が受洗したのは、1881年から1883年の間であったと推測される。[324]

鮎沢の施設

さて、最初のハンセン病施設は神山ではなく鮎沢（現在の新橋）で始められた。すなわち、1886（明治19）年春、テストヴィド神父は鮎沢に家を借り、5、6人のハンセン病患者を収容した。「この建物は、［テストヴィド］師の恩師であった［パリ外国宣教会］神学校デルペシ［デルペシュ］師 Prospert Bernard DELPECH の寄付金によって借用したものである」。また、敷地内に聖堂を建て、聖フィロメヌにささげた。

『年次報告』（1887年）に、テストヴィド神父の一文がある。

「御殿場での特筆すべき出来事は大きなものではないが、癩［ハンセン病］病院ができたことである。今、5人の患者を収容している。この企ては成功するだろうか？ いずれにせよ、私は癩病人［ハンセン病患者］を看病できるだけの献身的な人を見つけた。彼女は御殿場の伝道師［カテキスタ］の助手であり、その献身は、殊に日本人が癩病［ハンセン病］に対して抱いている極端なまでの嫌悪感を考えれば、英雄的行為に近い。気の毒な癩病者［ハンセン病患者］は、御殿場付近だけでも30～40人いると言われている。もしも我々が、これら薄幸の人々の霊魂なりを救うことができた

聖フィロメヌ聖堂

なら！ 現在我々の小さい病院にいる5人の患者が受けている治療はホアン・ニアン［ホアン・ナン］治療である。すでに病状は著しく好転している。この治療法に加えて、東京の後藤博士が発明し、サンドイッチ諸島の大癩病院で成果を上げている個人的入浴法を行うつもりである」

　小規模な施設ながら熱心に治療にあたり、将来の展望を描いていたことが伝わってくる。

　ホアン・ナン治療とは、南アジアに分布する番木べつという植物を用いる漢方療法で、一時症状が改善されたケースがあったようだ。決定的に効く薬がなかった時代であるから、貴重なものであったに違いない。

　後藤博士は、後藤昌文医師のことで、1875年東京に起廃病院を始めて、ハンセン病の治療を行った人物である。その治療法は大風子油の丸薬の服用と薬湯の入浴で、この病が治癒可能であることを世に知らせた。ハワイ王の招きで、息子昌直がハワイ諸島に赴いて、治療にあたり「相当の効果をあげた」という。テストヴィド神父は、当時同諸島のモロカイ島でハンセン病患者の看護にあたったベルギー人のダミアン神父Damienに手紙で相談し、後藤医師を紹介されたのである。その次第は第15書簡に詳しい。

　このカテキスタは、かつてルコント神父の説教を聴いて信徒になった伯部豊蔵であろう。

　鮎沢村の借家は近隣住民の反対が激しく、翌年立ち退かざるを得なかった。患者たちはそれぞれの家に帰したそうだ。この施設は名称もないまま短期間で終わったが、神山復生病院の前身となるものである。テストヴィド神父は諦めなかった。その思いは、

新たに本格的な病院を建てる計画となる。

次の第15書簡は小冊子の印刷物である。1888年2月2日付のオズーフ司教宛で病院の設立趣旨を述べ、司教の許可を願う内容で、2月8日付の司教の許可、3月15日付の寄付依頼書が添付されている。

2月2日付は長文で、ハンセン病の女性との出会いの場所が水車小屋であったことが初めて紹介されている。ハンセン病の感染などについての理解は不十分であったが、日本でハンセン病患者の置かれている酷い状況を詳述し、本格的な病院建設の意義と、そのために必要な土地と看護人はすでに当てがついているので、残る課題は当局の認可と資金であると説明した。この土地は神山ではなく、須走の方面であったと考えられている。[338] 看護人は前述伯部であり、協力した静岡県知事は関口隆吉、駿東郡長は竹内寿[339]貞[340]であった。

司教の返書は、テストヴィド神父の計画に賛同し、実現のための寄付の呼びかけを認めている。こうして寄付依頼書を付した冊子が作成、配布されたのである。

第15書簡

テストヴィド神父（教皇庁派遣宣教師）、オズーフ司教（アルシノエ司教、日本北緯代牧区長）宛、ハンセン病院設立に関する書簡

・・・・・

横浜　1888年3月15日

　日本におけるハンセン病院建設のためにこの小冊子をお送りいたします。

　この事業に関心を抱き、温かい心で慈善の寄付を以下の住所にお送りくださいますよう、お願い申し上げます。

　敬意をこめて。あなたの卑しき僕。
　　　　　　　G. テストヴィド　教皇庁派遣宣教師

カトリック宣教地区、横浜［居留地］80番　あるいは、［パリ］外国宣教会神学校、バック通り128番地、パリ

* * * * *

横浜　1888年2月2日

アルシノエの司教、日本北緯代牧区長、オズーフ司教様

　昨年、横浜地区の報告書の中で、御殿場（原注 富士山の麓、駿河の国にある町）周辺にハンセン病患者のための病院を設立するための試みについて、お話しいたしました。それ以来、諸事うまく進み、そして最初の施設ではまったく不十分となる恐れが出てきましたので、この関心に値する問題について、もう少し詳しく述べたいと願っております。

　私がハンセン病患者の面倒を見るようになった経緯についてお話しいたします。年齢30歳くらいの気の毒な女性はハンセン病にかかると、ほどなくして夫に見捨てられ、米の脱穀用水車の上にしつらえられた、悲惨な小屋に閉じ込められました。寝床とし

ては、水の流れの上に無造作に置かれた'タワラ'［俵］（原注 米を包む藁でできた袋）を敷いた粗木、衣服としては不潔極まる古いぼろ切れ、食べ物としては茶碗1杯の米、これがこの不幸な女性が家族から与えられたものすべてです。さらに不運なことに、女性患者は視力を失ったのです！永久に社会から打ち捨てられ、その悲惨な小屋で遠からぬ死を待つことを余儀なくされ、日夜嘆き涙を流して過ごしていました。数回にわたり、非業な死をもって、そのいのちを絶とうとしましたが、このような苦痛を慰めるキリスト教について耳にしたのです。彼女はすぐに神の恵みを悟り、洗礼を受けたいと願いました。ハンセン病のために歪んだ彼女の額に、私が洗礼水を注ぐ場所を探す間、新受洗者は泣いておりましたが、このときは嬉し泣きで、傷で覆われている彼女の顔は文字どおり輝いておりました。私は何度も彼女を訪問し、宗教がもたらす慰めを彼女に届けました。毎回、彼女の悲惨な状態を見るにつけ、私の心は痛みました！それに、どのようにして彼女に秘跡を授け、御聖体を与えたらよいのでしょうか。

　物質的困難に加えて、彼女の家族側の問題もありました。この気の毒な患者の兄が'ホオイン'［法印］[341]（原注 僧侶の一種）の職にあり、私が彼の家へ来ることを嫌いました。彼は私の訪問が彼の信奉者たちの心に害を及ぼすのを恐れたのかもしれません！
したがって、面倒を避けるには、手段は1つしかありませんでした。この女性を病院に入れることです。残念ですが、公営あるいは私営の治療施設では、この種の病人をほとんど受け入れてくれません。そのとき、この女性患者を、そして日本に、特に御殿場周辺に大勢いるハンセン病患者たちを救う事業を始めようという

考えが浮かびました。

　司教様、私が実現しようとしている計画を述べる前に、日本のハンセン病に関して私が見たり、この国の人々から聞いたりしたことをお話しします。これは司教様の関心を引くものであると確信していますし、私が描いている計画の説明をわかりやすくすると思います。

　日本においては、他の極東地域と同様、数種類のハンセン病が存在しますが、特に2種類が多く見られ、至るところで遭遇します。第1の種類は、化膿せずに病状が進み、多くの場合、足と手の指をすべて次々に落としてしまってから消滅します。第2は、体中に恐ろしい潰瘍ができ、耐え難い悪臭を放ちます。ハンセン病は遺伝するだけでなく、感染します。[342] それが日本にハンセン病患者が多い理由です。この病は、どのように、またどのような影響のもとに伝染するのでしょうか。私には説明できません。ある人たち（例えば近親者たち）は、ハンセン病患者たちと一生を過ごしても感染しません。一方、ハンセン病患者と1回接触しただけ、あるいは何分か患者の横に座ったというだけで感染する者もいます。

　この国では、ハンセン病患者が千人単位でいます。主要街道に沿って、施しを乞いながら、'ホッケ シュウ'［法華宗］の創始者であり、この病の犠牲者に対して特別な憐憫の情を示したとされる'ニチレン'［日蓮］の墓所がある身延（原注 甲州の町）への巡礼に向かう患者たちに出会います。日本政府が、サンドイッチ［ハワイ］諸島やトンキン［ベトナム北部］で行われているように、自らの費用でハンセン病療養所を運営しているとは聞いておりま

せん。この病を特別に治療する医師に診てもらう財力がなければ、ハンセン病患者たちは、町や村で酷い状況を見せて、人々の善意に頼るしかありません。

　しかし、全員が病気を利用しているわけではありません。ある人たちは家族の中に隠れ、この恐ろしい病にかかっていないとみなされています。ここでも他と同じように、信仰の光に照らされず、慈善の心に乏しい異教徒たちの間に激しい嫌悪を引き起こすからです。ほとんどの場合、用心しても真実はじきに露見します。しかし、彼らが隠蔽のためにどのような策をとるのか、信じ難いほどです。私の前回の巡回のときに、裕福な家族の長が、ハンセン病に冒されていると知ったその日に自殺したと聞きました。それは、子どもたちに不名誉な汚点を残さないためなのです。彼はその秘密を墓に葬ろうと考えたのです。しかし、今日では、5里四方の誰もがどのような動機で彼が生命を絶ったかを知っています。私たちが知っている数人の患者は、無償で提供しようとする薬さえ拒絶します。私たちが彼らをハンセン病患者として扱っていると考えるからです！

　彼らの痛ましい状態において、ハンセン病患者たちが、彼らの身体的な現世の苦難によって、内面的かつ永遠の至福を勝ち取ることを知れば、今より幸せになるでしょう。それを彼らに学ばせるために1カ所に集め、彼らの霊魂と体の面倒を見ることにしたのです。なぜならば、不幸にも彼らは、どちらも病に冒されていたからです。

　尊敬すべきパリ神学校校長デルペッシュ神父より寄せられ、私の裁量に任された特別な寄付のおかげで、上述の目的のために、日

本家屋1軒を手に入れることができました。すでに、その体が複数の種類の醜さを示している6人のハンセン病患者を受け入れています。1人の患者のひどく歪み、長くなってしまった顔は、常に腫れ上がり、幅広いメロンの側面のように、深いしわがついています。鼻は縮んで、唇は曲がり、瞼は血のように赤くなっています。別の1人は、顔面全体が血に染まった赤い醜悪な傷口で、愕然とさせられます。この人は、ハンセン病にかかってから盲目となりました。もう1人も、盲目になりそうです。なぜならば、すでに物体を識別できなくなっているからです。病が激しい勢いで、全員の体のさまざまな部分を苛んでいきます。

　私たちの患者たちに、同僚であるレッセルトウル神父 Charles Emile LESSERTEUR [343] の小冊子で紹介されている、トンキンで高い評価のホアン・ナン療法を受けさせることにしました。事実、この薬を施した患者たちは、病状が顕著に改善しました。最初の投与から、腫れが引き、次いで化膿は減少し、潰瘍はすぐに濃い紫からきれいな赤になります。2週間ほどたつと、傷口は完全治癒の方向に向かいます。今日、患者たちは、まったく痛みを感じず、腕を強く擦っています。それまでは、ひどい痛みを感じさせずに触ることができなかったのです。

　この療法の唯一の難点は、薬を中国で買わねばならないことで、これは距離の点から簡単ではないのです。私たちの愛するハンセン病患者の苦痛をできる限り軽減するために、モロカイ（サンドイッチ［ハワイ］諸島）で700人から800人のハンセン病患者の病院の責任を負っているダミアン・ドヴステール神父に連絡をとりました。彼は、長期にわたる英雄的な経験（原注 その慰めのため

にいのちをささげたハンセン病患者たちを訪問中に、彼はこの病気に感染したのです）の成果を知らせ、芝（東京）の病院長である日本人医師、後藤氏によって発明された療法を教えてくださいました。この治療は効果があるようで、ハワイ政府はホノルルのハンセン病患者のために大量の発注をしたそうです。

　数種類の内服薬と外用薬からなる、この療法の採用は絶望的でした。患者1人あたりの費用が、3円（原注 現在1円の価値は4フランに相当）にのぼり、はっきりした効果が得られるまでに5、6カ月かかるからです。幸いなことに、神が助けてくださいました。私の事業と経済的困難をご存じだった駐日ベルギー全権公使ネイ氏 Georges NEYT [344] が、患者2人の費用を6カ月間引き受けてくださいました。他方、後藤医師は、私たちの人道的目的に配慮して、多額の値引きを承諾してくださったのです。

　しかしながら、新たな必要に応えるためには、私たちがしてきたことが十分でなくなるだろうと考えています。最初からの患者に3、4人が加われば、小さな施設ではまったく不十分となります。もし私たちがこの事業を継続し、発展させていくつもりであるなら、当初は小規模であろうと、正式な病院を建設すべきです。

　福音書で非難される軽率な企業家の轍を踏まないように、「病院建設」という言葉を口にする前に、長い時間をかけて考え、祈りました。そして、すべてを考慮に入れ、これは神の助けによって不可能ではないと思います。

　この種の事業には、4つのことが不可欠です。建設するための土地、地元当局の認可、ハンセン病患者たちの世話をする看護人、そしてまずは建設と患者たちが望む療法のための資金です。

1. 土地に関しては、有名な富士山の麓に5000から6000'ツボ'［坪］（原注　土地の測量単位で、1.82平方メートルに相当）の土地を所有している洗礼志願者から入手することを考えています。居住地から遠く離れ、患者たちが特に冬季に必要な暖房用の薪を無料で手に入れられる森が近くにあり、私たちが計画している種類の施設にとって不可欠な水の流れからも遠くなく、そして中山道と東海道（原注　1つは中央で、もう1つは東側で、京都と東京を結ぶ重要な街道）を結ぶ計画中の鉄道路線に近いのです。所有者は計画について知るや否や、自発的に割り引いた価格で、建設に必要な土地だけでなく、働くことのできる患者が農業や養蚕に従事するのにも十分な土地を提供してくれました。こうした仕事で、彼らは退屈を紛らせ、生活費を軽減できるでしょう。この最初の計画がうまくいかない場合、日本政府に打診する策があります。富士山の周囲に見渡す限り広がる未開墾地を譲ってくれると思います。

2. このような希望を抱くのは、静岡県知事や沼津［駿東］郡長の温かい対応があるからです。後になって発生するかもしれない問題を避けるためには、何よりもまず、地元当局の認可を取得することが必要なのです。そこで、私は行政当局の態度を探りました。彼らは、深い関心をもって話を聞き、そして誠意ある協力を約しました。1人の官吏は、ハンセン病患者の治療はしないと決めている医師が反対を表明していることについて、驚いていました。彼らは前進するよう、問題が起きたときには、彼らに知らせるよう勧めてくれました。

3. 看護人も見つけました。それは、しっかりしたキリスト教徒で、彼の宗教的確信は、一般の人が嫌うことや同胞たちの偏見

を超越しています。彼は、自分と家族の生活の糧として月わずか5円という薄給を唯一の条件として、ハンセン病患者たちと暮らすのを承知したのです！　私が彼の献身を賞賛する最初の者です。なぜならば、ひと目でおじ気づく姿をした不幸な者たちに絶えず目を配り、治療を行うには、本当に勇気が必要です。6人の患者を収容する小さな病室に入るたびに、恐怖感や嫌悪感に思わず身を震わせてしまいますが、患者数が何倍にも増えたらどうなるのでしょうか！

　私が話しているこのキリスト教徒［看護人］は、魂と心の有り様に加え、手作業に関しても驚くべき器用さに恵まれているのです。さらに、彼は宗教について大変興味深く、かつ簡潔に説明します。これは、霊的・物質的に立脚している、この種の施設にとっては大きな資質です。

　4．残るは、病院の建設と患者たちに与えるあらゆる種類の看護にかかわる費用についてです。私は、本部が直面している不如意を知っていますので、あえてお願いはいたしません。より速やかな福音宣布という事業を妨げるのを懸念しています。そこで、個人の慈善に頼り、善意の人々に助けを求める決意です。これまでに、この事業を始めるのを可能とし、必要に応じて寄付を贈ってくださった神の摂理は、発展させるための手段も与えてくださると信じています。

　甲州・駿河・相模、3カ国の接点に位置する施設が、患者がいなくて空き家になる恐れはありません！　計画されている病院が立地する地域を管轄範囲としている郡長は、代々にわたってハンセン病患者が、他の地域では認められていない患者同士の結婚の

ために、あらゆる地域から、逃避してくるという村の例を挙げました。こうした結婚は、すでに存在している不幸をさらに深くすることに、少なからずかかわるのです。

以上の報告で、司教様には私の考えをすべてご理解いただけると思います。ただし、これを実行に移す前に、この事業に成功をもたらすのに欠かすことのできない司教様の祝福をお願い申し上げます。この慈善事業は、何よりも気の毒なハンセン病患者たちに特別の憐れみを示され、その中の1人に例えられることを望まれた私たちの主の恩寵を、私たちの愛する宣教地区に賜る素晴らしい手段となるのではないかと思います。

患者たちは、たとえ私たちの願いどおりに体の治癒に成功しなくても、慰めと将来のより良い生活への希望をもたずにこの家を出ていくことはありません。教えに加えての模範は、素朴な性格の、しかし形而上学的な考えには心を動かされない、この山岳地帯の粗野な人々を感動させるでしょう！

私が司教様にお願いする将来の施設に対する祝福の一部を私のためにしてください。私は身をさらしている危険を知らないわけではありません。[パリ外国宣教]会や同僚たちと関係を絶たれる日が来るかもしれないのです。もし神が、公正かつ憐れみ深いご計画の中で、私が癒そうとしている他者の不幸に冒されるのをおゆるしになるならば、私は神の名において与えられた1杯の水に報われないことはないとの私たちの主の約束を思い出し、そして、私はいっそう神に信頼し、その裁きの場に出るでしょう。私は最後の恵みとして、この愛すべきハンセン病患者の中で生き、そして死ぬという特別のお計らいのみをお願い申し上げる次第です。

司教様、謙遜で忠実な僕の敬意をお受け入れください。

　　　　　G. テストヴィド　教皇庁派遣宣教師

・・・・・

東京　1888年2月8日

親愛なるテストヴィド神父様

　私は、あなたの地域に気の毒なハンセン病患者たちのために計画した、大変賞賛すべき高潔な計画を、神が祝福されるよう祈ります。願わくは、私たちの主が、この事業実現の成功をもたらされますように！

　すでに長期にわたり、私は恐ろしいハンセン病がどれほど日本で珍しいものではないことを知っています。ほかでもない、同僚のヴィグルー師とカディヤック師が彼らの地域内で出会う多くのハンセン病患者について私に語り、この不幸な人たちのために、あなたが描いているような、安らぎの場所を開設する手段について、私の意見を求めています。資金の欠如のみが、あらゆる観点から推奨されるべき、この慈善事業への取り組みを妨げているのです。あなたが依頼されている方々の寛大さが、この報告書にある気の毒なハンセン病患者たちの霊的、現世的利益のために、私たちの共通の願いに応えてくださいますように！

　親愛なるテストヴィド神父、愛をこめて。

　　　　　　　　　　　　P.M. オズーフ　アルシノエ司教
　　　　　　　　　　　　　　　　日本北緯代牧区長

テストヴィド神父が誰に寄付を依頼したのか細かなことはわからない。しかし、国内外の宣教師、日本在住の外国人、フランスなどヨーロッパ諸国の信徒、日本の信徒など、広範囲に及んでいたことは想像に難くない。
　次の第16書簡、1888年5月12日付は同じパリ外国宣教会宣教師、上海会計事務所責任者マルティネ神父 Jean Baptiste MARTINET[346]宛で、寄付に対する礼状である。テストヴィド神父とともに横浜地域の宣教に携わっていたミドン神父が、新たに設置された中部代牧区長[347]として6月11日に横浜天主堂で司教に叙階されることになっていて、マルティネ神父も来日して式に列席する予定があったのにかなわなかった。ヴイユモン[348]氏については不明だが、「司教宛の手紙の写し」[349]とは、第15書簡のことだろうから、寄付を依頼したい相手であるのは確かである。

第16書簡

横浜　1888年5月12日

親愛なるマルティネ神父様

　日本の気の毒なハンセン病患者のために送ってくださったご寄付に対し、心から深くお礼申し上げます。また、この事業が成功を目前としていることをお知らせでき、喜んでおります。
　ミドン司教の叙階式で改めてお礼を申し上げるつもりだったのですが、かなわないようです。
　私たちの主が、主のいと小さき者に与えたものを百倍にして報

いるというお約束を果たしてくださるよう祈ります。

ヴイユモン氏がまだ上海にいるかどうか、オズーフ司教宛の手紙の写しを渡してくださったか教えてください。計画中の施設がどれほどの規模になるか不安ですが、この計画が神の摂理にかなうならば、よい結果に導いてくださると信じています。

もしどこかに出していただけるなら、例の手紙の写しを何通か持っています。

親愛なる神父様、祈りと聖なるミサに心を合わせている同僚から、感謝をこめて。

G. テステヴィド
m.ap.

『年次報告』(1888年)によると、日本の信徒数は、南緯代牧区が25534人、中部代牧区が2185人、北緯代牧区が誕生から初めて1万人を超えて10026人であった。潜伏キリシタンから帰正した信徒を擁する九州を含む南に多いが、この年の日本人の改宗は南が350人、3月に誕生したばかりの中部が389人であるのに対し、北は2008人である。[350]北海道から岐阜県までの広範囲にわたるとはいえ、歩く巡回宣教師たちが異教徒の住む村から町へ福音の種を蒔き続けた結果の豊かな刈り入れではあった。

テストヴィド神父も、ハンセン病院の設立に奔走するかたわら、担当地域を回り続けていたと考えられる。ただし、記録は断片的にしか残っていない。『年次報告』には、警察署長が静岡県の吉原・沼津・「富士郡地方」[351]で宣教師の活動を助けたエピソードがあるが、こうした信徒の支援が大きな支えになっていた。一例を挙げてお

く。

「吉原に信者の警察署長（原注　福田光英、静岡県各地の警察署長を務めた熱心な伝道者）[352]がおり、彼の洗礼は薩摩の反乱の時代にまで遡る。信者になりたてのころ、熱心に燃えていた彼は戦地で、正々堂々とおのが義務を果たし叙勲された。このころから、彼の生活は少し動揺するようになり、信仰も徳も同様に深傷を負ってしまった。しかし、洗礼のときのあの信仰に立ち返った彼は過去の逸脱した生活を忘れさせようと心に決めたようであった。すでに、数年前、かなりの長い休暇の間、彼は地区の外へ巡回に出た私に、自分のほうから進んでついてきた。そのときから、私は彼の敬虔さに感心させられ、その謙虚さと熱心さに驚嘆した。説教をしてから、彼は私の荷物を持つことを潔ぎよしとし、何とかして私に旅の疲れと不自由を忘れさせようとした。彼が警察署長として吉原に転任させられたときに、私は内心、かくも評判の悪い町で彼はどうするだろうかと案じていた。ところが、まず第1に彼はキリスト信者らしく、しかも実践的な信者として振る舞い、次いで、1軒の家を借りて講演会場とし沼津の伝道師［カテキスタ］を招き、できるだけたびたび来てもらうようにしたのである。

彼の熱意は住んでいる町に限らず、富士地方一帯にまで及んでいる。富士郡では、宣教師や伝道師たちがそこを通るときの集まりの世話をすることを幸せとしている。彼らが着くときには、いつでも必要な準備ができており、そのうえ費用も全部自分で負担する。すでに10人ほどの信者が新しい共同体の中核を成し、幾人かの求道者でその数も増えようとしている。伝道師が不在の場合には、いつもこの署長が祈りの集会を司会している。

昨年、クリスマスのころ、私が沼津にいたので、彼はこの好機を逸することなく、その敬虔と熱心とを存分に発揮した。つまり、深夜ミサの前に彼は私のところへ来て、信者たちに一言話させてほしいと言った。制服に身を固め、胸に戦功章を飾った彼はたっぷり30分間説教した。ただただ魅了され驚くばかりの聴衆をその信仰の固さで、また、このような好意が引き起こしかねない結果にも頓着せず、堂々と信仰を宣言するその勇気で感嘆させた。

　ところが、このような行為は彼の損にならなかったばかりか、上官たちの評価と信頼を最高度に獲得させたのである。最近会計監査が行われたのだが、署長はなんの恐れもなく帳簿を差し出した。非難に値することは何もないと確信していたからである。監査官は帳簿をちらりと見ることさえせずただ彼にこう言っただけであった。『結構！ 結構！ 君がカトリック信者だということを知っている。しかも、熱心なカトリックだと。ところで、この宗教は誠実と廉直が根本的なことなのだろう、それで十分だ。今回はこの辺までにしておこう』この話が皆の注目を引き、語り伝えられたことは言うまでもない。ここの警官たちは非常に驚き、幾人かは信者になりたいとまで言っている」[353]

　なお、オズーフ司教がプティエ神父を伴って大阪に赴き、帰路11月9日から12月6日まで、名古屋・小田原間の教会や拠点を回った。[354]訪問地は、名古屋・岐阜・浜松・掛川・藤枝・静岡・吉原・松長・沼津・御殿場・小田原である。吉原では前述の福田光英の家に滞在した。どの町でも洗礼や堅信の秘跡が執り行われた。例えば、御殿場では「信者が二流の旗を押し立て、司教の一行を迎えしその有り様はいかにも悪鬼軍に打ち勝ちたるごとく見えて喜

ばしかりし。門前には緑門を立て、堂内より応接所にかけて青緑の飾りを一斉にかけ連ねたる、その見事なるはさながら信者の篤き骨折りを知らしめたり。また、長くかけ連ねたるは信仰の断絶せざることを外教者［異教徒］に対して印し立てたるに似たり」[355]とある。これは聖フィロメヌ聖堂のことであろうか。また、この巡回にテストヴィド神父がどのようにかかわったのかはわからない。

3. 神山復生病院の創設 ── 第17書簡

　1889（明治22）年2月、大日本帝国憲法が発布され、信教の自由が認められた。オズーフ司教は、「宗教的観点からも政治的観点からも同様に、今年の最大事件は憲法発布であった。まさにその第28条で、信教の自由が日本人にようやく与えられたのである。これは政府がすでに数年前に事実上与えていたものを、法的に確認したものである」[356]と述べた。『復活史』には、「あらゆる自由のうちの第1位のものが認められ、厳かに保証されたことは、日本のカトリック教徒と宣教師を喜ばせ、すべてのキリスト教国で一斉に賛辞をもって歓迎された」[357]とある。時を同じくして、2月1日には東海道線の国府津・沼津間の運行が始まり、御殿場駅も開業した。

　ハンセン病院については、寄付を募り、土地を探し、施設の建設に至るわけだが、そのプロセスは次の第17書簡に詳しい。1889年6月28日付オズーフ司教宛報告書と6月30日付司教の返書を印刷した冊子である。

長い報告書である。まず、第15書簡にある御殿場の借家から退去しなければならなかった顛末を述べ、ハンセン病患者の施設を続けていく唯一の方法は「自分の土地に自分の家を建てること」であると言う。紆余曲折を経て必要な土地や職員を得、医師や県の協力も取り付け、20人の患者を収容できる病院の建設にこぎつけた。

静岡県駿河国駿東郡富士岡村大字神山字平石1912番地の土地については、『病院の百年』に詳しい説明がある。用地取得の交渉に苦労していたカテキスタ伯部豊蔵の知り合い、神山の地主から350円で1888年12月に買い入れた。当時は民法施行前で、外国人の土地所有は認められていなかったので、日本人信徒らの連名で売買契約が行われた。単独ではなく複数の人物がかかわることで、不正を防ごうとしたのである。この土地の「共有地契約書」[358]は1889年1月9日付で、ここに名を連ねることを希望した前地主のほか、伊藤裕清（沼津）、金子周輔（グミ沢）[359]、折原義質（川島田）、林久四郎（水土野新田）[360]、伯部豊蔵（水土野新田）[361]、田代国平（水土野新田）[362]の名がある。伊藤、林、そして伯部はカテキスタ、金子は最初の医師である。特に伯部は第15書簡の「看護人」であるだけでなく、「将来の院長」[363]として嘱望されていた人物で、公の書類に幹事として名がある。また、同じ7人の連名で、翌10日付の「横浜聖公教会」すなわち横浜天主堂に当該土地を病院用地として「お任せ」するという文書もあるという。[364]

数多の苦労の末に取得した土地に、病院を建てる仕事が始まった。第17書簡に添付されている間取り図を参照していただきたい。何よりも注目したいのは、その中央に礼拝堂があるということだ。

書簡中の寄付報告によれば、国内では在留外国人、国外ではベルギー・イギリス・フランスが多かった。支出は主に土地の購入と建物の建設、そして薬代や職員の給料に充てられた。寄付は設立当初の必要をどうやら賄うことができた。入院費を払える患者はほとんどいなかったから、運営のためには寄付を募り続けねばならなかった。しかし、テストヴィド神父には寄付が集まらないのではないかとの不安はまったくなかったようだ。

　オズーフ司教は寄付への感謝と今後の募金のために、この報告書の印刷と配布を認めた。そして、第17書簡の数日後、東海道線が新橋・神戸間で全線開通した。

第17書簡

日本におけるハンセン病院建設報告書
アルシノエの司教、日本北緯代牧区長、オズーフ司教様宛
テストヴィド神父、教皇庁派遣宣教師
横浜　カトリック宣教地区印刷所

　　　　　　　横浜　1889年6月28日　イエスの聖心の祝日
司教様
　気の毒なハンセン病患者のための病院建設計画を祝福していただいてから18カ月が過ぎました。神のご加護により、その祝福が実を結んだことを喜んでご報告申し上げます。これまで何をしたか、そして今後この事業を完成するために何をすべきかをお知

らせするのが、本報告書の目的です。

　1．1888年2月2日付の手紙で、私はある個人の寄付で御殿場近郊に5、6人のハンセン病患者を受け入れられる日本家屋を入手できたと司教様にご報告いたしました。この施設は慰めたいと願う不幸な人たちの数から見たら規模があまりにも小さいことは明白でした。それでも何もないよりはよかったのです。大きな成果がとても小さな働きやちょっとしたきっかけから生じることはよくあると考えていました。最初の6カ月間、ほぼ順調でした。地方当局も協力的でした。それから、例によって至るところで問題が起きたのです。

　家を貸してくれた家主が村人たちに借金をしていました。彼らは近くにハンセン病患者がいるのをよく思わず、さらに多く集まることを警戒して、まずは現在いる人たちを追い出すよう求めました。私たちに言ってもだめだったので、家主に借金を返済するか住んでいる人を追い出すかの選択を迫ったのです。私たちは正当な契約書を持っていて、法律上そこに居続けることはできたのですが、それは家主を不利にし、結局裁判になり、動産と不動産を没収されかねません。そこで、ハンセン病患者を家族のもとに帰し、効果の出始めた薬を自宅に届けました。いうまでもなく、住民たちの状況がこのようなので、別に家を確保する努力は失敗に終わりました。

　こうした困難を断ち切って、また追い出されないようにする方法は1つしかありませんでした。それは自分の土地に自分の家を建てることです。まず土地が必要です。さて、どのようにしたら手に入れられるでしょうか。

富士山周辺の耕作されずに利用されていない広大な土地を見て、どこかに場所を確保できないか、これまでの当局の好意からうまくいくのではないかと思ったので、最初は日本政府に出向きました。私たちの施設に望ましい条件をすべて満たす土地を見つけるのに苦労はありませんでした。問題は入手することです。

　最初から重要と考えていなかった問題にぶつかりました。日本の法律によれば、近隣の住民が異を唱えていないという証明を、周辺の村々の役所から得なければなりません。その証明書は沼津の郡役所に、次に静岡県庁に登録されなければなりませんでした。残念なことに、農民が昔からこの土地で草を刈る権利をもっていて、しかも鉄道建設のため一部の田畑を収容されたため、失った水田の代替地として、この富士山の平地の売却を要求していました。私たちとしては、本当の理由は感染の恐れではないかと考え、それについてハンセン病に特に造詣の深い医師の協力を得て有無を言わせぬ返答をするつもりでした。毎年数束にしかならない草の利益と治療も慰めもなく苦しみ死んでいく気の毒な人々の救いとは比較できないからでした。にもかかわらず、知事も郡長も住民の意向に反すると考え、私たちの要請は認められませんでした。

　しかしながら、引きさがる前に、最後の努力を試みました。私は直接内務省に要請しようと思ったのです。ボワソナード氏が自身の強い影響力を利用して、私を後押ししてくださるというので、彼の仲介によって、私の請願は首都の高官数人に伝えられました。けれども、要請の重要性を判断するには内務大臣でも静岡県知事の意見を聞く必要があり、このやり方では成功する見込みがないと全員の意見が一致しました。そこで内務大臣は私の請願の時宜

についての判断を静岡県知事に任せたのです。

　こうして、あれこれ心配し、奔走しましたが無駄で、振り出しに戻ってしまいました。別のところで起きた新たな行動が、さらに不幸な結果をもたらしました。今回は7村か8村ではなく50以上の村が反対をしたのです！　このような抵抗を前にしては、敗北を認めざるを得ませんでした。

　結局、政府に要請するのを諦め、個人の地主と交渉してうまくいくか試みることにしました。まず土地を一部売りに出していて、私たちに譲る気持ちのある所有者を探し始めました。偶然にも見つかりました。神の摂理が一番困っているときに助けてくださったのです。それは、このような次第です。

　その交渉担当者［伯部豊蔵］は度重なる失敗で困り果てていました。彼が最近沼津郡役所へのいつもの無駄足の旅から戻ったとき、友人の1人と会い、その失望した話をしました。すると、その友人が7000 'ツボ'［坪］（原注 1坪は約1.82平方メートルに相当）の土地の賃貸についてまさに他の日本人と交渉中であることがわかりました。相手側と条件が合わないので、病院の後援者として自分の名前が記されるのを条件に、土地を350 'エン'［円］（原注 1円は約4フラン）で私たちに売却すると提案しました。その場所は私たちが絶対的に必要としているものでしたから、異議はありませんでした。

　この土地は景観が見事です。東に箱根の山々、西に富士山、北に御厨と郡内を分ける山脈、南に駿河湾にまで続く眺望の素晴らしい平野。気温は山に近いため温暖で、気の毒な患者に適しています。御殿場は寒すぎるし、沼津は暑すぎます。富士山から流れ

る澄んだ小川が敷地に沿って、生活用水としても耕作のためにも必要な水を供給してくれます。7000坪のうち1000坪は、すでに開墾されて、水田と桑畑になっています。このささやかな農地は、働けるハンセン病患者の楽しみにもなるでしょう。

　こうして土地を得ました。後は建物を建て、そこに住むことです。そのためにはまた許可が必要でした。それを得るため、私が大いに期待し、心から信頼できる若いキリスト教徒を将来の施設長に任命しました。

　次に、同じくキリスト教徒である医師の協力を得られました。患者を無料で診る代わりに、敷地の入り口に住まいを建て、土地のほんの一部の使用権を認めるという条件です。さらに、キリスト教徒の夫婦が病人の世話と家の掃除を引き受けてくれることになりました。このような場合に求められる形式的な手続き（例えば、収入が建設費用を賄うという財産の証明、医師不在の際に代わりを務める医師の存在など）について、当局は私たちの人道的な目的に鑑み、今までの不運の埋め合わせをするためか免除し、遅滞なく許可を出しました。

　今や遠慮なく、病院の基礎を築くことができます。ようやくです。いうまでもなく、私たちは裕福ではありませんでしたが、災い転じて福となるということです。私がお話いたしましたさまざまな心配事によって生じたこの長い期間が役に立ちました。その間、何件かの寄付が届き、最初の出費を賄えました。熟考の末、私たちのできる範囲を考えて、20人の患者を受け入れられる施設の建造を決め、いずれ神の摂理により拡張することを想定しています。私たちの家は宮殿ではありませんが、住み心地がよいとい

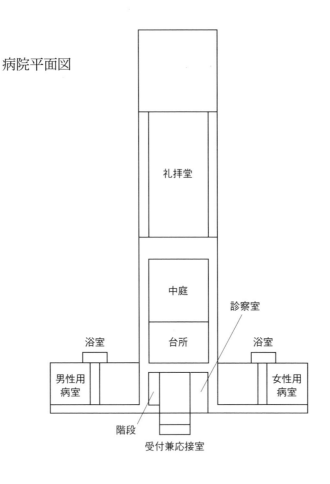

病院平面図

うだけでなく、非常に便利な間取りになっています。前方正面1階にあるのは受付兼応接室と診療室、上の階には宣教師の部屋。左右に男性用2つと女性用2つの4部屋、それぞれの側に小さい浴室があります。建物の周りを囲むベランダから自由に部屋に入れます。中央つまり診療室の後ろが台所で、一番奥にはベランダに続いて両側から行ける礼拝堂です。そこで気の毒な患者たちは、

多くの場合、体と同様に病んでいる魂に慰めと治療を受けることができます。

司教様、この報告書の第1部を締めくくるにあたり、最初から今日までの収入と支出をご報告申し上げます。

収入
- 日本　同僚　　　　　70円
- 　　　在留外国人　　378円
- 　　　日本人　　　　33円71銭
- 中国　　　　　　　　50円
- 安南　　　　　　　　5円
- チベット　　　　　　25円
- オーストラリア　　　18円52銭
- マレーシア　　　　　30円
- ベルギー　　　　　　312円50銭
- イギリス　　　　　　130円
- フランス　　　　　　113円25銭

合計　1165円98銭

支出
- 薬代　　　　　　　　120円69銭
- 旅費　　　　　　　　11円53銭
- 通信費　　　　　　　1円54銭
- 仮家具代　　　　　　22円76銭
- 埋葬費　　　　　　　5円86銭

看護人給料	25円
翻訳・印刷費	6円26銭
雑費	7円46銭
土地購入費	350円
建設費	613円15銭
残金	1円73銭
合計	1165円98銭

　横浜の友人2人について言及しなければなりません。1人はハンセン病患者の日々を美しく楽しいものにするための壁紙を提供してくれました。もう1人は施設長に彼の献身への感謝の印として時計を贈りました。

　2. 以上が今までに行ったことです。今何をすべきでしょうか。残念ながら、あらゆることです。20人のハンセン病患者に門戸を開きましたが、たいしたことではありません。救わなければならない何百人もの患者がいますので、実際はなんと小さなことでしょう。しかしながら、他の計画を立てる前に、受け入れられる20人を世話しなければなりません。さて、無駄を省き必要経費を算出すると、患者1人の食費は月2円50銭、薬代が1円50銭で、1人あたり4円です。患者20人で月80円になります。施設の従業員は、キリスト教徒の慈善の気持ちに頼るとしても、月10円以下で施設長と看護人2人を置くことはできません。そのうえ、事故や予期せぬ出来事で出費を10円は見込んでおかなければならないでしょう。したがって維持費は、平均して概算で月100円、年

間1200円が必要です。なぜなら用意した20人分が満席になるのは間違いありません。家に帰した不幸な6人は戻る時期を待っています。すでに新しい希望者が10人います。始める前からほとんど満員です。畑にしている土地が収入につながることを期待していますが、それには少なくとも5、6年は待たなければなりません。その間、収入よりも支出が多いでしょう。ハンセン病患者から費用を取ろうとは考えていません。多くは入居する前に実の両親から見捨てられ、施しで生きるしかなかったからです。

　この家を維持するための資金を待つ間、野の鳥のようにすべてを天の父の恵みにすがって、その日その日に糧を神から受けるのです。

　　　小鳥たちに、神は糧を与え給う、
　　　　　　　その恵みは、すべてに及ぶ。

そして神は私たちもお見捨てにならないと確信しています。私たちの傍らの神の摂理の目に見える代理人である寛大な魂の持主に、喜びと感謝を表明するものです。彼らの行いによって、神は私たちを助けるだけでなく、ある意味で私たちに必要なものをあらかじめご存じであったように思えます。多くの方が寄付に同情と励ましの気持ちをこめてくださいました。このような事業には、天の助けが保証されています。彼らに感謝し、そしてもっと彼らを祝します。この言葉は彼らの信仰を称えるものだからです。私もそう信じていましたし、今まで裏切られたことはありませんでした。私に手を貸した人たちも同じでしょう。貧しい人に与える人は神に与えるのです。

　　［スペイン］グラナダの路地を歩きながら施しを求めた神の聖

ヨハネは、普通に「与えてください、これは貧しい人のためです」と言わず、「あなた自身のためですから、神に与えなさい」と言いました。司教様、できれば同じ言葉をこの世で幸せな人に聞かせたいのです。「あなた自身のためによいことをしなさい。最後にはあなたが与えたものだけが残るのですから」

このような聖なる目的のために、慈善の呼びかけに耳を向けない人はいないでしょう。私たちの門出は目立たないものです。しかし、種は蒔かれました。もし神が成長させてくだされば、大きな木になるでしょう。その木陰で最も見捨てられた人、人間の中の最も顧みられるべき人が、来て憩うのです。

司教様、どうか熱心なお祈りでお助けください。敬意をこめて。慎ましく従順な僕の敬意をお受け入れください。

G. テストヴィド　教皇庁派遣宣教師

・・・・・

東京　1889年6月30日

親愛なるテトヴィド神父様

ハンセン病患者のための病院建設に関してはすでに承知しています。あなたが事実と状況を都度報告してくださったからです。送っていただいた報告書は大変興味深く読みました。出来事を適切にまとめています。また、神の御手の導きが確かにあり、最初の設備に必要なものを必要なときに賄う日常の経費も与えられたことがわかります。

あなたと同じように、私は神があなたの努力を祝福し、慈善と

献身の計画が完成するのを助けてくださると信じています。私はそれを願い、祈ります。

また、援助していただいている方への感謝のために、そして今後この事業に興味をもってくださる方のために、この報告書の印刷を許可します。事実、慈善心をもつ人の思いを強め、それぞれの力に応じて、祈りと寄付の2つの助けを得るために、知ってもらうことが必要です。

　親愛なるテストヴィド神父へ、愛をこめて。
　　　　　　P.M. オズーフ　アルシノエ名義司教
　　　　　　　　　　　　　　日本北緯代牧区長

　この病院建設について、岩下壮一神父の一文が残されている。[366]
　「見渡せば一面の草刈り場で、笹がたくさん茂っているばかり、建築に役立つほどの立ち木などは1本もない。それに街道から黄瀬川を越さなければ入れないから、徒歩か、でなければ1粁［キロメートル］下の高橋を迂回しなければならない。第1の問題は架橋である。大きな材木がないので、両岸の岩が迫っていちばん幅のせまいところを選んで丸太を渡した。これが『愛隣の聖母』と『聖テレジア』の御像で、後年人によく知られることになった昭和7年までの旧入り口である。この橋の位置が、ひいては病院の位置を決定した。橋を渡った突きあたりに御殿場で2年前に買った2階建て［聖フィロメヌ聖堂］を運んできて、それを建てて本部にした」[367]

　この橋が後の天国橋で、架橋のために同年3月地主2人から土地を借用しての工事であった。借用の条件に、院外の住民による

橋の利用と病院敷地の通行が入っていた。「2階建ての北側に白ペンキ塗りの聖堂ができ、その東側に女子病棟、西側に男子病棟が次第に建て増されていった」368

　病院の増築にも運営にも寄付金が必要であった。この書簡にあるのとほぼ同じ内容の予算額が、4月29日付で病院幹事伯部の名で静岡県駿東郡長に提出された「私立病院設立願」369に記載されている。また、前述の医師後藤父子との繋がりを示す内容もある。

　「『当院は東京起癈病院と特約を結び、内外の慈善者の寄付金をもって貧困の癩病［ハンセン病］患者の治療を専門とす』とあるが、（中略）後藤［昌直］氏の治療法を採用して、（中略）単に薬価の割引きをしてもらったのか、その辺は明らかにわかっていない」370のである。

　ここには、復生病院という呼称、ハンセン病以外の外来の患者も有料で診療し、往診にも応じる旨などが記載されている。この願いは5月16日付で認可され、5月22日を病院創立日と定めた。371なお、復生とは、イエス・キリストの復活を意味している。

創立当時、黄瀬川に渡した橋

開院式は翌1890年6月25日に挙行され、「静岡大務新聞」によればオズーフ司教が司式し、テストヴィド神父とレイ神父が音楽と賛美を担当、ルマレシャル神父 Jean Louis LEMARECHAL の演説があった。祝辞は神奈川県信徒総代の團方、静岡県信徒総代の荒木福明が述べたとある。前者は芝生村天主堂の献堂式で祝辞を述べたのと同じ人物と考えられる。後者は藤枝のカテキスタである。

　入院患者は、まず1888年3月に20歳の女性を、2人目は8月に水車小屋の女性モニカを受け入れ、年末までに14人を数えた。翌1890年には42人とあるから、希望者の多いことがわかる。

　大変興味深いのは、当時宣教活動においてカトリック教会と競合していたプロテスタントの信徒たちが、ハンセン病の病院のためには協力をしたことである。横浜で発行されていた英字新聞『ジャパン・ウイークリー・メール』に関連記事がある。

　例えば、1889年10月5日付には「日本のハンセン病院」と題して、第15書簡と第17書簡の内容が紹介され、テストヴィド神父を「日本のダミアン神父」と称え、寄付を呼びかけた。これに居留地の

神山復生病院の最初の病棟

外国人が応えた。神戸居留地のドイツ人が多いクラブ・コンコルディアが400ドルを集めたことを報じ[377]、同紙を通じて集まった総額700ドルを越える寄付に[378]、東京でのチャリティー・コンサートの利益を加えて1年分の費用が賄えることになり、テストヴィド神父から感謝の言葉が寄せられたという記事もある[379]。ただし、この約700ドルに、クラブ・コンコルディアの寄付が含まれているかははっきりしない。『年次報告』(1889年)も、こうしたプロテスタント信徒の協力について詳細を伝え、『ミッション・カトリック』などを通じてカトリック信徒の寄付に期待する記事を掲載している[380]。

こうして、テストヴィド神父は、病院の院長の仕事も担うことになった。巡回宣教師として他の地域に気を配る時間はあったのだろうか。わかっていることは少ない。1つは、3月25日、浅草教会祝別式に参列した。その日、ミドン司教のミサがあり、「夕方になると、教会はまたもう一度満員になり、テストヴィド師による日本語での説教」[381]があった。もう1つは八王子「三崎町の借地に36坪の家を建て、礼拝堂、伝道士［カテキスタ］の住まい、神父の旅行中の休憩所」[382]とした。新しいカテキスタ杉山又太郎[383]がこの拠点を守るようになった。

『復活史』の著者マルナス神父が初めて来日したのはこの年であった。

4. 最後の書簡 ── 第18書簡

1890（明治23）年、テストヴィド神父は、下田に教会を創設し[384]

たというが、それ以外の活動について語る史料はない。復生病院の運営に多くの時間を割いたと考えられる。『年次報告』(1890年)に、病院の発展に関する書簡の一部が掲載されている。長文であるが、引用しておく。

「いろいろな方面から寄せられた援助のおかげで、当初の設備は著しく改善された。昨年の今頃、20人の患者しか受け入れることができなかったが、今日では30床あり、最近の拡張のおかげで、その地位や経済状態、あるいは病気の進行程度に応じて、患者たちをより適当なところへ分けることさえできるようになった。とりわけ訪問者の注目を集めているものの中から、新鋭の機械を挙げなければならない。これは簡単なものでありながら非常に創意工夫に富んだもので、かなり高くなっている土地へ川の水を上げるために使われる。水力機械に関する専門用語の中を探しても、名前も形も見つけることはできないが、それでも実に便利なものなのである。バケツで水をすくい上げて槽へ移し入れる浚渫機によく似ている。ここから水は2、3カ所の濾過機を通って浄化され、十分飲めるようになる。水は、竹の筒で家の中へ引かれ、いろいろな用途にあてられる。この質素な施設の祝別式は去る6月5日に行われた。現在までに入院した患者の数は32人である。このうち13人が洗礼を受け2人は入院時すでに信者であった。洗礼を受けているこの15人の癩者［ハンセン病患者］のうち、すでに7人が帰天した。現在施設には25人いる。

我々のところの病人たちは一定の規律に従って生活している。こうすることの利点は、あまり疲労させないようにしながらも彼らの時間を病気の治療と霊的動向で按配できるという点である。

この種の施設には当然漂っているだろうと第一に思われる寂しさはほとんど完全に追い払われた。ある人々は百姓や植木屋をし、ほかの人々は笠あるいは箸を作っているし、画家さえ1人いるのである。女性の方は、女性に向いた仕事をしている。要するに、誰しもがこの生活を幸せに思っている。そのことは彼らの悲惨な過去の話を聴くと容易にうなづけるのである。

　我々にはいくらかの慰めもあるが、困難にも不足していない。この恐ろしい病気が異教徒に抱かせる嫌悪感は埋葬のときでさえ消えないのだ。

　最近も1人の死者を葬らねばならなかった。土地の墓地の管理人に死亡届が出されるや、村のお偉方が総出で、病院の周りに集結し埋葬に反対したのである。話し合いは数日にわたり、夜間でさえ中断せずに続けられた。村の有力者、村会議員、大勢の見物人、どの人も頑張っていたが警察も来ていた。というのは昨年、この種の埋葬のことでこの件に関する静岡県知事の意向を前もって打診し、もしものときには我々の安全を保障するという確約を得ておいたのである。ついに話し合いが時間の浪費でしかないと見て取った警察署長はサーベルを抜いて、電信で本署の機動隊の警官を、それでもだめなら東京から正規部隊の分遣隊を呼ぶと威嚇した。反対者たちはすぐに事の意味するところを介して公共墓地の一角を癩病者［ハンセン病患者］の埋葬のために譲渡すると約束した。異教徒にとって、ここはもう一つのハケルマダ（原注　アラマイ［アラム］語で「血の畑」の意。ユダがキリストを裏切り、得た銀30枚で買われた畑。旅人の墓地とされた）となるであろう。しかし我々は話し合いに成功したことに非常に満足で、たとえ生存中癩

者［ハンセン病患者］であったとしても、主の裡に眠りについた人々にたいしては尊敬を払うべきであることを説くことができるように、ここを十字架に覆われた聖なる地にしようと思っている。

　終わりにあたって私は多くの恩人方に極めて深い感謝をささげられることを幸せに思う。この方々の愛徳のおかげでこの事業を始めることができ、社会の屑となったこれらの気の毒な病者にすでにいくらかの善を成すことができたのである386」

　生活用水と墓地の件が課題であったが、事業は前進していた。こうしたテストヴィド神父書簡の抜粋は、『年次報告』以外の刊行物にも紹介されて、寄付を集め、病院運営に役立ったに違いない。次の第18書簡、1891年3月2日付も神父からの寄付の呼びかけのための印刷物である。そして、これが確認できる最後の書簡でもある。病院の状況、患者たちの身の上などについて述べ、治療には多額の費用がかかることを訴えている。

第18書簡

　　御殿場のハンセン病院への援助の呼びかけ

　昨年、御殿場のハンセン病院設立の際に寄せられたいつくしみ溢れる援助を忘れておりません。ヨーロッパやアメリカにおいても、日本と同様、非常に人道的またキリスト教的なこの慈善事業に対して深い思いやりに接しました。しかも、慈愛の寄付に激励が加わることが度々あり、その価値が倍増したように思えました。

必要な改修工事や米の値上がりで支出は予測を大幅に上回りました。今、私たちの後援者の皆様に、贈ってくださった寛大な献金がどのように使われたかを説明し、併せて着手した事業を続けるために、その善意に再び呼びかけをするときが来たと思います。
　病院を沼津・御殿場間の幹線道路と直接結ぶため、西側に便利な道をつくり、富士山から流れ下る急流に橋を架けました。私たちの土地に入ると、右側に院長の家が、左側には医師や看護人たちの住宅、そして診療所と台所があります。本来の意味で病院と呼ばれるところは、完成すれば100人以上の患者を収容できる四角い建物になります。完成を待つ間、以前からの建物に8つの新しい部屋が加わり、浴室は拡張されました。その結果、建物の正面の1つが何とか完成しました。2棟の工事が始まり、ここには必要とされる80人の受け入れが可能です。
　これまでに44人を病院に受け入れ、8人が最善の準備をしてから亡くなり、5人は完全に治癒していませんが著しく快復して家族のもとへ帰りました。私たちのところに残った31人のうち9人が洗礼を受け、そして全員ではありませんが残りの大部分が、キリスト教入信の準備をしています。
　福音書の中に、私たちの主が治癒された10人の重い皮膚病患者の中から、ただ1人が感謝を表し、それがまたサマリア人であったと記述されています。私たちの場合は、感謝の意を表す者がもっと多かったと言えます。というのは、これまでのところ恩知らずは44人のうち1人だけで、数カ月治療を受けた後、院長の不在時に、挨拶もせずに逃亡したのです
　患者たちは、体の治療と霊魂の治療の時間の合間に、疲れない

程度に気晴らしとなる簡単な日課に従って生活しています。ある者は庭師で、ある者は農夫です。ある者は日本風の傘や竹の細工物を作っています。画家もいて、病室を飾る独創的な絵画は彼の作品です。しかし、どのような作業でも飽きるどころか、とても忙しいと言い、そう信じています。この点に関して、彼らは日本の諺のようなものを作りました。「鐘がならなければ、彼らは世界で最も幸せな人間なのに」（原注　すべての活動は、鐘の音を合図に行われる）という意味です。私たちの病院のようなところを住まいとするのは悲しいことではないかと思われるでしょうが、実際には、そこに悲しみはなく、ときには節度というものを思い出させねばならないほど、喜びに満ち騒がしいのです。

　これまでにしたことを簡潔に述べれば、以上のような次第です。これから何をすべきなのでしょうか。残念ながら、まだあまりにも多くのことがあるのです。80人のハンセン病患者たちのための療養所を開設し、昨年の後半、そのうちの30人を養ったのは、何もしなかったというわけではないでしょう。しかし、救わねばならない、何百人、何千人の気の毒な病人たちを思えば、ほんのわずかでしかありません（原注 日本におけるハンセン病患者数は約8000人である）。

　もしこの人数が多すぎて、このような事業は私の能力を超えていると難色を示されるのであれば、残念ながら、私は他の誰よりも納得いたします。しかし、困難が大きいからといって、救済策への努力さえしない理由になるのでしょうか。受け入れられ、看護を受けたハンセン病患者は誰も、少なくとも悲惨な運命から魂を救われているのです。偉大なる神よ！　何たる悲惨さでしょう

か。もしできることなら、私が呼びかける慈悲深い皆様に、私たちの病院を訪問し、自分の目で確認してくださるようお招きしたいのです。このような病を前にして、国籍や宗教にかかわらず、情け深い人は無関心ではいられないでしょう。

　ここにわずか17歳の若い男性がおります。約3年前にハンセン病に罹患し、両親の家を離れ、それ以来、物乞いで日々の米を得ることを余儀なくされました。沼津近辺の貧しい農民である父親は、わずかな愛情から手元にあった何'セン'［銭］かを与えました。そして息子は両目に涙を溜め、もう帰ることのない生家から離れたのでした。2日も3日も食べずに過ごしたことが何度もあったと語りました。夜になっても泊まるところがない日もよくあり、風が吹き抜ける荒れ果てた廃寺に避難をしたのでした。そこで、冬の寒さに凍え、餓死する恐怖に震えながら、また前日と同じような新しい日が始まるのを待つのでした。しかしこの不運者に、神はついに憐れみを示されたのでした。今日、平穏の中で、何不自由のない彼は、どのように感謝したらよいのかわからないほどです。彼は働きたいのです。しかしながら、彼の指はハンセン病の症状により曲がっているか、縮んでいるかで、作業は何もできません。彼の目は、泣いたために腫れて、眼窩から飛び出していますが、まだ涙が溢れています。

　もう1人その生い立ちが同じように関心を引く、気の毒な患者がいます。1年近くの間、彼は受け入れてほしいと、ときどき私たちのところにやって来ました。最初の施設は、十分でなかったので、わずかな施しと慰めの言葉を与えて、引き取ってもらわざるを得ないでいました。彼は洗礼を受けずに死を迎えるのを恐れ

て、通りすがりの人にでも執り行ってもらえるよう、常に式文を持ち歩いていました。実際に、この備えは無用ではありませんでした。ある冬の日、厳しい寒さの中、彼は私たちのところから少し離れた道路に倒れてしまいました。そのとき、神のご配慮により、彼の知り合いのキリスト教徒が彼を見つけ、彼が死なないように急いで看護したのでした。

　ここで女性たちについてお話ししましょう。最初にご紹介するのは、まだ働き盛りの30歳の女性です。何年間か、彼女の夫は忍耐強く、病気にもかかわらず彼女を家で保護してきました。しかし、我慢ができなくなり、彼女を処分するのに次のような手段を考えたのでした。誰もが自分たちの家を遠ざけるようになり、商売もできなくなったこの村にはもう住めないという口実で、彼は家と家財道具を売り払って、東京に住むと決めました。そこでは、夫婦ともども目立つことがないでしょう。そして東京にやって来ました。夫は、彼が言うには、妻を2日間首都の通りを自由に歩かせ、必要とされる完全な隠遁をさせる前の最後の楽しみとしたのです。3日目に、彼は雑踏を利用して、突然群衆の中に紛れて姿を消しました。そして、売り払った品物の代金を手に、どこかわかりませんが居を構え、気の毒な妻を3人の幼い子どもたちと文字どおり道端に置き去りにしたのでした。1番上の子どもは、気の毒な母親の両親に預けられました。2番目の子どもは、財産を浪費した後に再び姿を現した夫が面倒を見ることになりましたが、彼は何としても妻を引き取りませんでした。最後に3番目の子どもは、自分のことが自分でできるようになるまで養ってくれる、非常に貧しい家に2円で預けられました。そのうえ、こ

の契約の仲介者に手数料として50銭を支払わなければなりませんでした。今日では、言うまでもないのですが、すでにお金は尽きて、彼は自分の骨と皮以外はまったく何も持ち合わせない状態となっているようです。このように母親の身体的苦悩に、彼女の子どもが日に日に衰弱していくという、耐え難い精神的苦痛が加わっているのです。

この話の最後に、数カ月前にここに来たこの子どもに質問してください。「あなたはどこから来たのですか」、すると「私の名前はトラです」と答えるでしょう。「あなたの両親はどこにいますか」、「私の名前はトラです」。「あなたは何歳ですか」、「私の名前はトラです」。実際に、彼は自分の名前以外は何も知らないのです。他のことを何も知らないのには、もっともな理由があります。彼は、物心つく前に父親を亡くし、母親は彼女自身と、その子どもの日常の糧を得るために物乞いをしなければならなかったのです。しかし、彼女はハンセン病の兆候に気づくと、母親として最も基本的な義務を忘れてしまい、ある晩、子どもが眠っていたのをよいことに、荒れ果てたお堂に子どもを置き去りにして、夜の闇に紛れて逃げ去ったのでした。それで、この子どもは14歳にもならないのに、自らのために物乞いをするまでに落ちぶれてしまったのです。

そこで私は問いたいのです。このような悲惨さに心を打たれないでいることができましょうか。そして、完全に見捨てられ悲嘆にくれる、こうした不運な人たちに無関心でいられるでしょうか。

実際に、あなたが目の見えない人と出会ったら、あなたは手を差し伸べて、その人が道に戻れるようにしてあげるでしょう。障

がい者たちの境遇に同情せず、彼らが生活の糧を得られるよう見守らない人はいないでしょう。誰が片腕や片足を失った人を憐れまないでいられるでしょうか！　その慰めにかかわり合っていると感じない不幸はありません。ハンセン病患者だけが、どうしようもない嫌悪を抱かせるのです。

　友人たちや近親者に拒絶され、両親から見捨てられた気の毒なハンセン病患者たちは、世界中から見放されて死んでいかねばならないのでしょうか。彼らがもたらす恐怖そのものが、この悲惨な人たちに最も深い思いやりと、最も献身的な愛情を寄せる理由の1つとならないのでしょうか。もし善意のみが彼らの助けとなるならば、私たちはそれ以外に呼びかける必要を感じないでしょう。しかし、現在私たちが扶養している30人の患者たちのためには、すでにかなり多額の資金が必要です。年間の費用は、平均して私たちの予想をはるかに超え、1人あたり約300フラン、もしくは70円に達します。これは非常に大きな額ですが、費やされるお金と、人間の中で最も不幸な人たちにもたらす慰めを、誰があえて比較をすることができるでしょうか！

　　　　　　　　　　G.テストヴィド　教皇庁派遣宣教師
　　　　　　　　　　横浜　1891年3月2日

　注　寄付は、横浜80番、カトリック宣教地区の会計担当 A.プティエ神父、または、パリのバック通り128番地、外国宣教会神学校校長イナール神父 Flamand HINARD[387] に届けてください。

5. 香港で帰天

　テストヴィド神父は1890（明治23）年12月、「しばしば胃に強い痛み[388]」のため静養中で、東海道などの各地に点在している信徒の巡回ができなかった。小田原にはクレモン神父が、名古屋はテュルパン神父が定住していたが、それ以外の各地では信徒も洗礼志願者もテストヴィド神父の来訪を待っていたのだ。

　翌1891年3月29日の復活祭後、小康状態を得て、東海道の巡回に出かけたが、衰弱して戻ってきた。予定を終えてなのか、半ばにして戻ったのかを含め、この最後の旅の行程はわからない。その後、帝国大学病院[389]に入院したが、胃がん[390]という診断で、香港で療養することになった。当時パリ外国宣教会からアジアに派遣された宣教師の療養所は香港のベタニア園であったからである。質素なサナトリウムは山の中にあり、中国人の若者たちがラテン語を学ぶ教室が併設されていた。[391]ロケーニュ司教が一時静養していたのもこの場所だった。

テストヴィド神父が帰天した香港のサナトリウム

テストヴィド神父は、5月24日、サガリアン号で横浜を発ち、神戸経由で上海に向かい、6月2日香港に着いた。

2カ月の療養後、8月3日月曜日午前5時、同地で帰天した。4日説もあるが、パリ外国宣教会の記録は3日だ。23歳で来日、42歳で病没。一度も帰仏することなく、18年間を日本の福音宣教にささげ尽くしたのであった。

オズーフ司教は、「このような働き手［テストヴィド神父］を失ったことは、［パリ外国］宣教会にとってなんという損失だろう！」と述べている。また、『ジャパン・ウイクリー・メール』は、「慈愛の英雄が旅立った」と報じ、築地教会と横浜天主堂での葬儀ミサについて知らせている。

神山にあるテストヴィド神父の墓

テストヴィド神父の出身教区ラングルの風景

第六章 テストヴィド神父の時代

1. 語り継がれる思い出

　巡回宣教に人生をささげたテストヴィド神父の書簡は少ない。しかし、神父の信仰や人柄を偲ばせるエピソードは、心に残るものが多い。そのいくつかを紹介しておこう。

　テストヴィド神父は、「陽気なように見えたが、布教中人々の無理解を受けてあざけられ、石を投げられるとき、心にわいてくる悲しみの影を消そうとするのだろう。神父は絶えず小歌を歌っていた。親しい同僚は神父のことを『柳の木でさえずるうぐいす』と評していた。ところが信者たちの間では『日本語の上手なやさしい神父、敬虔で熱心な神父』ともっぱらの評判であった」[399]という。豊かな感性のもち主で、宣教の途上、故郷の母を想い、涙を浮かべることもあったそうだ。[400]

　その生活は極めて質素であった。「12年以上の間、[テストヴィド]神父は広大な地域を徒歩で踏破した。信仰弘布会の貴重な喜捨を一毛でも無駄に使うのを恐れて、彼は縷々自分のトランクをさげて歩いていた。彼の貧しい使い古された衣服はあらゆる虚栄からの徹底的な離脱を告げていた。彼が何時食事をするか、神だけしか知らなかった。彼が説教しなかった村はただ1つもない。（中略）彼は無数の失意をなめた後にも、決してくじけることがなかった。聖なる主を手本として、彼は十字架をカルヴァリオ山の頂上にまで担いでいった。このように豊かな一生の後に、彼が（収穫の束を手一杯にもって喜悦の中に）神の前にあげられるのを疑う者がいようか」[401]と、静岡県の司牧を引き継いだステイセン神父 Michel

STEICHEN[402]は言う。

　靴に小石を入れて旅の途上も苦行をしていたという話もよく知られている。まだ橋のない東海道の大井川で、渡し人足が故意か過失かテストヴィド神父を水中に投げ出してしまった。ずぶ濡れの神父は岸に上がると、衣服やミサの道具を広げて乾かし、靴も脱いで水を出した。そのとき靴の中から石がいくつか出てきたのを見て、人足が理由を尋ねると、神父はキリストの十字架の苦しみを密かに覚えるためであると答えた。これを知った人足はキリスト教の教えを学び、後にテストヴィド神父から洗礼を授かったのであった。[403]

　八王子を担当することになるメーラン神父 Placide Augustin MAYRAND[404] もこう語る。「彼［テストヴィド神父］の死後永年の間、私が布教旅行していると何回となく呼び止められたり、しげしげと顔を見つめられたりしたものである。通りすがりの人々から聞かれた。『もしやあなたはテストヴィド神父さんではありませんか？』『あなたはテストヴィド神父さんを知っていますか』彼は一体どれほどの土地を歩き、どれほどの人々に救いの真理を説いたか神様だけがご存じだ。彼は実に宣教師の中の大人物であった」と。[405]

　いずれも誠実な人柄、深く純粋な信仰が伺える。各教会や信徒の中で語り継がれている話はほかにもあるに違いない。

2. テストヴィド神父の後継者たち

　テストヴィド神父が担当していた、広大な宣教地域と神山復生

病院には、それぞれ後継者が与えられた。

　東海道筋の小田原はクレマン神父に、愛知と岐阜はテュルパン神父にすでにゆだねられていたが、静岡県などはステイセン神父に受け継がれた。また、グナン神父と協力して司牧していた横浜の日本人信徒は、同神父も病気のために、メーラン神父やルマレシャル神父の協力を経てミュガビュル神父 Pierre Xavier MUGABURE SAUBABER に、八王子は壱部方から町中に拠点が移り、カディヤック神父、ヴィグルー神父、ドルアール・ド・レゼー神父からメーラン神父が引き継ぎ、順次小教区が形成されていくことになる。

　神山復生病院では、ヴィグルー神父が院長職を継いだ。また、病院運営に必要な寄付集めも行われた。例えば、マルナス司教がテストヴィド神父の病院設立に関する書簡を引用しつつ、次のような寄付の呼びかけをしている。

　「主イエス・キリストのように常に苦しみと死を覚悟しながら、使徒たちは主のために、異教徒の中で言葉と行動で魂を明るく照らさなければなりません。日本の北緯代牧区の宣教師テストヴィド神父によって、感動的な形で実際に行われるのを、私は見ました。（中略）

　現在、［病院の］施設は若干拡張されています。およそ30人のハンセン病患者が御殿場で手当てを受けています。この慈善事業は知られ、祝福されるようになりました。そのうえ、日本に存在する唯一の施設です。

　テストヴィド神父のこの感動的な手紙に何も説明する必要はありません。それでも一言だけつけ加えたいと思います。日本にお

けるこのハンセン病患者のための事業は、現在最も重要です。なぜなら、良かれ悪しかれ熱心に西洋を受け入れていくこの国に、キリスト教の信仰によって行われている崇高な献身の姿を見せることが大切だからです！ このような事業は改宗への強力な方法です。この施設が示すように、これは大きな光を見せています。(中略) ですから、ヨーロッパのカトリック国で、御殿場の気の毒なハンセン病患者のために寄付を得られないことはないと期待しています。いいえ、英雄的なダミアン神父に匹敵する者のために、心も献金も閉ざされはしないでしょう」と。[407]

この書簡は、寄付をリヨンの『ミッション・カトリック』の住所宛に送るよう求めているところから、同誌の読者、すなわち信仰弘布会会員向けの呼びかけであったと考えられる。

神山復生病院ではその後の院長も、パリ外国宣教会のベルトラン神父 Joseph BERTRAND[408]、アンドリュー神父 Guillaume ANDRIEU[409]、ド・レゼー神父が務めた。特に、ド・レゼー神父は、テストヴィド神父とともに司祭に叙階され、同じ船で日本への旅をした人物である。

この間、癩予防法施行により、日本各地で国立の療養所が設置されて、ハンセン病患者の人権がないがしろにされたことは周知のとおりである。しかし、テストヴィド神父が始めた神山復生病院では、患者も職員も「神の家族」としての生活が営まれていた。また、多くの場合、ハンセン病患者は死後も一般の墓地に埋葬されなかったが、神山では地区の共同墓地の一角に患者・職員とも葬られたことも覚えたい。同病院の運営は、戦後、クリスト・ロア修道会[410]に引き継がれ、2002年一般病院となった。

3. テストヴィド神父の時代

　テストヴィド神父が生きた19世紀後半は、カトリック教会はもとより、キリスト教各派の外国宣教が盛んな時代である。宣教会や修道会がアジアやアフリカの内陸部に入り、現地の言葉を学び、福音宣布にあたった。女子修道会の働きも大きかった。異教徒に福音を伝え、神学校を建てて現地の信徒の中から聖職者を養成し、教育や社会事業をとおして世の暗闇を照らしたのである。多くの若い宣教師が海外での活動を志して、例えばパリ外国宣教会の門を叩いた。

　テストヴィド神父もその1人だ。その出身教区ラングルは、本書に登場する宣教師を多数輩出しているのは注目に値する。ダレ神父、ブロートランド神父、アルンブリュステ神父、ドラボルド神父、グナン神父、テュルパン神父、そしてサン・モール修道会のメール・マティルドである。その理由として、当時のフランスではパリとその周辺地域では非キリスト教化が進行していたのに対し、辺境部では教会を中心とした昔ながらの信仰生活が営まれていて、ラングル教区は後者にあたるからではないか。[411]

　テストヴィド神父が来日した1873年は、キリシタン禁令高札が撤去され、浦上四番崩れで移送された信徒たちが釈放された年である。1846年鎖国下で日本代牧区が成立、1859年にパリ外国宣教会の最初の宣教師が来日、1862年最初の天主堂が横浜に完成、1865年長崎で信徒発見、そして大きな迫害の嵐を経て迎えた1873年の春だ。当時横浜に司教座を置かれたプティジャン司教が、ど

れほど大きな喜びを感じて、宣教師増援の電報を打ったことであったろうか。

その要請に応じて派遣されたテストヴィド神父を含む11人の宣教師は、日本全体の福音宣教にあたる。再宣教が緒についてから10年、宣教師たちの活動は外国人居留地のある都市だけでなく、街道沿いに町や村へと日本全国に広がっていった。特に北緯代牧区では、横浜と東京の教会を拠点として、歩く巡回宣教師による福音の種まきがスタートした。宣教師たちは、1カ月から3カ月の長期にわたる徒歩旅行を、1年に何度も行った。多くの場合徒歩で教えを宣べ伝え、教会堂を建て、差別や重い病で苦しんでいる人々に救いの手を差し伸べたのである。

歩く宣教師の一人であるテストヴィド神父が、創立や司牧にかかわった教会も少なくない。横須賀・八王子・砂川（立川）・芝生・

サン・モール会修道女メール・マティルド

若葉町（末吉町）・松長・厚木・小田原・御殿場・江間・下田・沼津・金谷・浜松・静岡・藤枝などで、いずれも最初は1人あるいは数人の信徒から始まった。そして、日本で最初のハンセン病院の設立が、テストヴィド神父最後の仕事となった。

1891年、病のために日本を離れたテストヴィド神父が香港に着いた6月、日本に正式な教階制が実施された。これによって4代牧区は、東京・函館・大阪・長崎の各司教区となった。首都大司教座が置かれた東京には、オズーフ大司教が、ほかの教区は、函館にベルリオーズ司教、大阪にミドン司教、長崎にクザン司教が任命された。1876年5月に日本代牧区が南北に分割、1888年3月に南緯代牧区から中部代牧区が、1891年4月北緯代牧区から函館代牧区が分割成立していたわけだが、教階制の導入によりカトリック教会の組織が確立されたことになる。

したがって、テストヴィド神父の時代は、高札撤去から教階制実施までの18年間である。それは、キリスト教に対する偏見、近代的な交通や通信手段の不在、乏しい資金、慣れない生活様式を受け入れての宣教であった。この巡回という形での宣教には当然ながら限界もあった。1カ所に数日の滞在では、十分な活動はできなかったに違いないからだ[412]。しかし、それは近代日本における異教徒に対する宣教と、後代に受け継がれる諸事業に先駆的な取り組みが果敢になされた時代であった。テストヴィド神父はこの時期を代表する宣教師であり、横浜から岐阜までの広大な担当地域の数多の教会の礎を築き、水車小屋の女性モニカが「神父の愛に点火した摂理の導火線[413]」となって神山復生病院の誕生を実現させたのであった。

付

書簡解題・先行研究概要・今後の課題

1. 書簡解題

　本書に採録したテストヴィド神父書簡は、パリ外国宣教会古文書室（AMEP）所蔵の16通、同図書室から提供された信仰弘布会発行の『ミッション・カトリック』に掲載された第10書簡（印刷物）、神山復生病院の復生記念館所蔵の第18書簡（印刷物）、併せて18通である。また、AMEP所蔵書簡のうち、第15書簡、第17書簡は印刷に付されているが、その他の14通はテストヴィド神父の署名がある自筆書簡である。この18通が、筆者が収集できた同神父書簡のすべてである。

　AMEPは、同会のパリ本部の中にあり、宣教師の書簡や報告書が教区（代牧区）ごと年ごとに整理されているものと、宣教師ごとに関連資料がまとめられているものとがある。

　書簡の宛先は、11通がMEPパリ本部の日本担当地区顧問アルンブリュステ神父宛（うち4通は推定）、4通が東京に司教座を置くオズーフ司教宛であった。唯一の英文書簡は、テストヴィド神父に英語学習を勧めた先輩宣教師ダレ神父宛、別の1通は上海の宣教師マルティネ神父宛である。おそらく最後の書簡となる第18書簡は、神山復生病院設立のために寄付を求める内容で、支援者たちに送られたものであろう。

　発信地は、第1書簡が日本に向かう船上であるのを除いて、横浜である。また第10書簡には明記されていないが、巡回を終えて横浜に戻り、報告書を認めたと考える。

　こうした書簡のうち3通は、すでに日本語に翻訳され紹介されている。第10書簡は、山口鹿三氏による日本語訳が、1939年の『聲[414]』に連載された。また、第15書簡・第17書簡は『病院の100[415]

年』に翻訳がある。いずれもまことに貴重な労作であるが、第二次世界大戦前の翻訳であるため、現代の読者にとって文体が古いことは否めず、省略された個所も散見される。なお、『復活史』にも複数の書簡の一部が掲載されている。

　本文の解説と重複するところもあるが、宛先を含め、判明している情報は次のとおりである。なお、［　］はAMEPの史料整理番号である。

第1書簡　1873年8月20日付（英文）　ダレ神父宛
　　［JAPON v.570, f.233-234.］
第2書簡　1874年5月付　アルンブリュステ神父宛
　　［JAPON v.570, f.435-438.］
第3書簡　1877年12月31日付　アルンブリュステ神父宛
　　［整理番号なし］
第4書簡　1878年10月24日付　オズーフ司教宛
　　［JAPON v.573, f.263-266.］
第5書簡　1879年3月26日付　アルンブリュステ神父宛
　　［JAPON v.573, f.354-356.］
第6書簡　1880年5月13日付　アルンブリュステ神父宛
　　［JAPON v.573, f.519-520.］
第7書簡　1880年10月16日付　アルンブリュステ神父宛
　　［JAPON v.573, f.610-613.］
第8書簡　1882年2月3日付　アルンブリュステ神父宛
　　［JAPON v.573, f.811-814.］
第9書簡　1882年6月3日付　アルンブリュステ神父宛

〔JAPON v.573, f.883-884.〕
第10書簡　1883年9月21日〜12月21日オズーフ司教宛報告書
（『ミッション・カトリック』1884年所収，p.57〜59，105〜107，128〜130，150〜152，166〜168，176〜178。）
第11書簡 1884年1月26日付　アルンブリュステ神父宛（推定）
　　〔整理番号なし〕
第12書簡 1884年5月1日付　アルンブリュステ神父宛（推定）
　　〔整理番号なし〕
第13書簡 1885年1月2日付　アルンブリュステ神父宛（推定）
　　〔整理番号なし〕
第14書簡 1885年12月26日付　アルンブリュステ神父宛（推定）
　　〔整理番号なし〕
第15書簡 1888年2月2日付　オズーフ司教宛
　　〔JAPON v.573, f.1839-1849.〕
（2月8日付オズーフ司教の返信、3月15日付寄付依頼文を含む）
第16書簡 1888年5月12日付　マルティネ神父宛
　　〔JAPON v.573, f.1867-1868.〕
第17書簡 1889年6月28日付　オズーフ司教宛
　　〔JAPON v.573, f.2034b-2044.〕
（6月30日付オズーフ司教の返信を含む）
第18書簡 1891年3月2日付 寄付の呼びかけ
（神山復生病院復生記念館所蔵）

2. 先行研究概要

　テストヴィド神父に関する従来の研究は多くの場合、次の①〜

③に基づいている。

①本書で取り上げた、前述の第10書簡・第15書簡・第17書簡日本語訳。

②凡例にあるフランス語文献の日本語訳『復活史』・『年次報告』。

③凡例にある日本で公刊されたカトリック雑誌『公教萬報』・『天主之番兵』・『公教雑誌』。

また、その活動については、主に次の④〜⑦の4つの観点からなされてきた。

④被差別部落へのキリスト教宣教

特に沼謙吉氏、石居人也氏らによる八王子の壱分方のカトリック信徒についての論考が多く、解放運動や自由民権運動にも言及している。木越邦子氏の著作もこうした研究によっている。

⑤巡回宣教師としての活動

青山玄師と三好千春氏の論文がある。前者は、明治のカトリック宣教の動向を客観的に研究し、特に愛知県・岐阜県について考察した。先駆的な研究と言えよう。後者は、新たにフランス語の原書簡を翻刻・翻訳して、巡回宣教を詳細に検討している。その新史料は本書の第4書簡・第5書簡・第8書簡の一部である。

⑥ 神山復生病院の歴史

同病院創立者であったテストヴィド神父の事績をその歴史の中に位置づける。岩下壮一師や同病院が発行した文献には、前述の2書簡の日本語訳が掲載されているほか、復生記念館所蔵の貴重な史料が数多く引用されている。

⑦教区の歴史

横浜・末吉町・八王子・横須賀・小田原・沼津・静岡・藤枝・

御殿場・磐田・浜松などの教会が発行した出版物に、テストヴィド神父とのかかわりを取り上げた記事がある。

なお、パリ外国宣教会がまとめたテストヴィド神父の履歴が、"Mémorial"[418]にあり、次のように書かれている。先行研究や各教会発行の出版物などに利用されていると思われるので、参考のため、日本語翻訳を掲載しておく。

「ジェルマン・レジェ・テストヴィドは、1849年10月2日にティヴェ（オート・マルヌ）に生まれ、ラングルの小神学校と大神学校で学んだ。1872年10月28日にパリ外国宣教会に助祭として入会し、1873年6月7日に司祭に叙階された。

翌7月2日に日本に向けて旅立った。最初は横浜に赴任し、横須賀の40人からなる小さなフランス人共同体のためにも働いた。1875年の半ばごろ、彼はカテキスタを養成し、横浜市内のいくつかの地域と、その近郊の異教徒たちに福音を伝え始めた。1876年、日本が2つの代牧区に分割された際、北緯代牧区に配属された。

沼津においてプロテスタントの影響と闘い、北海道［東海道の間違い］各地に宣教拠点の設立に努め、そして相模・駿河・伊豆・遠江・三河・尾張のいくつかの地域で異教徒たちに宣教した。小聖堂付の集会所を、主として神奈川と小田原に設立し、さらに学校と小聖堂を伴った2つのキリスト教共同体を八王子近くの、1つは砂川に、もう1つを壱分方に創立した。

そのいくつかの使徒的任務の中で、彼は会計職としての責任も負わなければならなかった。この任務から解放されると、彼は直ちに布教地の西部におけるいくつかの地域で福音を伝え始めた。

1888年、御殿場にハンセン病患者たちのための病院を創立し、

そこで30人の不幸な人々に安住の場を与えた。事業は続けられ、神山［復生病院］へと発展した。しかしこの事業は、いつも御殿場のハンセン病院と呼ばれた。

　1891年、復活祭の後、彼は疲労があまりに激しかったので、香港のベタニア病院へ送られた。そこで彼は胃がんのため、1891年8月3日に亡くなった。彼の慈しみ深い性格、常に厭わず奉仕に馳せ参じる愛徳、司祭職を第一とする生活、疲れを知らぬ熱意は彼を知るすべての人々の同感を得た。明るかったが、ある種の憂鬱に陥る傾向もあった。人々は、冗談めかしてテストヴィド神父が紋章を選ぶとしたら、彼はおそらく『しだれ柳にうぐいす』を選んだであろうと言い合った」

3. 今後の課題

　テストヴィド神父の活動の全体像は未だ十分に解明されたとは言えない。それは明治時代の巡回宣教師の動向についても、ひいては日本再宣教についても同じである。当事者が残した書簡・日記・報告書といった一次史料に乏しい上、彼らの活動が国内の広範囲に及び、実態を明らかにするための調査が困難だからである。また、残されている書簡類のほとんどがフランス語の手書きで、経年の劣化もあり、判読が難しいという事情もある。なお、日本に残る史料は極めて少ない。

　今後はまず一次史料の発見が大きな課題となる。フランスにおいては、AMEPだけでなく、宣教事業後援会で当時リヨンに本部のあった信仰弘布会やパリの幼きイエズス会、宣教師の出身教区、家族や友人などの家からも発見されるのではなかろうか。ロー

マの福音宣教省にも報告書が送られていたかもしれない。他方、日本側の史料の多くが震災や戦災で失われた考えられている。しかし、病院・教会、あるいは個人の信徒などが収蔵している可能性もあるのではないか。

次にすでに存在が確認されている書簡や報告書の詳細な分析が必要である。例えば、本書では、可能な限り時系列でまとめるようにしたが、出来事の時期が判然としないものが少なくなかった。村や町の住民が残した日記などに、宣教師の訪問が書き記されていれば、時期の特定につながるかもしれない。新聞や市町村が編纂した史料にもあたる必要があろう。

また、今回取り上げた書簡に限定しても、江戸時代の殉教に関する宣教師の知識、明治時代のカテキスタの履歴と活動、他教派の宣教との軋轢、芝生村天主堂の誕生と終焉にかかわる情報、その他の地域への宣教の詳細など、今後検討や調査が必要な課題は少なくない。

注

第1章

1 アジアに教皇庁が任命した宣教師を派遣している、フランス語を母語とする司祭の会。巻末の参考文献に挙げた宣教会の出版物、拙論「パリ外国宣教会の日本再布教計画」(『日本、キリスト教との邂逅』)など参照。
2 教皇グレゴリウス15世(在位1621-1623)が創設した教皇庁の省。現在の福音宣教省。
3 ポルトガルとスペインの両国に付与された、宣教師の派遣・司祭の任命・司教区の創設など、教会の設置と運営に関する権限、資金提供の義務が含まれている。
4 シエナ(イタリア)出身。在位1655-1667。
5 "Histoire universelle des missions catholiques" p.11.
6 "Les Missions Catholiques françaises au XIXe siècle" p.94.
7 "Histoire universelle des missions catholiques" p.405.
8 "Les Missions Catholiques au XIXe siècle" p.412.
9 "Les Missions Catholiques au XIXe siècle" p.414.
10 "Les Missions：histoire de l'expansion du catholicisme dans le monde" p.330.
11 Œuvre de la Propagation de la Foi. 全世界のカトリック宣教を支援する会。教皇ピウス7世(在位1800-1823)の認可を受け、1830年代ヨーロッパ各国に活動が広がった。1922年、本部がローマに移された。
12 1959年、横浜の姉妹都市となった。
13 1799-1862　リヨンで生まれた。17歳のとき、独身を貫く誓願を立て、宣教支援や女性労働者のための活動を展開した。
14 フランスの古い貨幣単位。19世紀にはバゲット・パンが約2スー。『19世紀パリ・イマジネール　馬車が買いたい』参照。
15 Œuvre de la Sainte Enfance. 1843年パリで設立。
16 Œuvre de Saint Pierre apôtre. 1889年パリで設立。
17 1831年、ブリュギエール神父が代牧区長として派遣されたのをはじめ、アンベール神父らが入ったが、病や迫害に倒れた。
18 1816-1885　パリ外国宣教会宣教師。セーヌ・エ・オワーズ県(ヴェルサイユのノートル・ダム小教区)出身。1839年司祭叙階、42年宣教会入会。43年マカオ、44年琉球に派遣された。46年サモス名義司教として日本代牧区初代区長に任じられた。51年病気のため帰仏。グアドループ、ヌヴェールの司教を経て、

73年エックス・アン・プロヴァンス大司教。同地で帰天。ヌヴェール時代には、ルルドの聖ベルナデッタにヌヴェール愛徳修道会入会を勧め、誓願式を執り行った。『幕末日仏交流記―フォルカード神父の琉球日記』、拙論「フォルカード神父とカトリックの日本再布教」(『キリシタン史の新発見』) 参照。

19　1821-1867　パリ外国宣教会宣教師。シェール県 (ブールジュ教区) 出身。1845年司祭叙階、48年宣教会入会。55年那覇上陸、57年日本代牧区の宣教地区責任者に任命、59年江戸上陸。横浜天主堂の建設、長崎・函館などの再宣教初期の活動を指揮した。62年一時帰仏。横浜で帰天。

20　1825-1871　パリ外国宣教会宣教師。オート・ピレネ県 (タルブ教区) 出身。1845年宣教会神学校入学、48年司祭叙階、香港に派遣。55年琉球、62年横浜上陸、ジラール神父とともに横浜天主堂の建設にあたる。65年『聖教要理問答』を出版。66年長崎、68年函館、その後大阪・兵庫で活動。70年神戸天主堂建設、同地で帰天。

21　1829-1884　パリ外国宣教会宣教師。ソーヌ・エ・ロワール県 (オータン教区) 出身。1853年司祭叙階、59年宣教会入会。60年那覇、62年横浜上陸、63年長崎に入り、大浦天主堂の建設にあたる。65年潜伏キリシタンの「信徒発見」に立ち会い、66年日本代牧区長に任命、ミリオフィト名義司教として香港で叙階。71年横浜に着座。76年南緯代牧区長として大阪に着座。この間、67年浦上四番崩れの報告のために、69年第一ヴァティカン公会議のためにローマに赴いた。80年長崎に移り、同地で帰天。『プティジャン司教書簡集』、『1865年プティジャン書簡 - 原文・翻刻・翻訳 -「エリア写本」より -』など参照。

22　1816-1900　パリ外国宣教会宣教師。マイエンヌ県 (ル・マン・ラヴァル教区) 出身。1839年司祭叙階、52年宣教会入会。55年ジラール神父と共に那覇上陸。62年横浜、63年長崎に派遣。64年一時帰仏、翌年長崎に戻る。67年横須賀に移り、69年帰仏。フランスで教区司祭となり、帰天。

23　1828-1871　パリ外国宣教会宣教師。ジュラ県 (サン・クロード教区) 出身。1852年宣教会入会、54年司祭叙階。55年那覇上陸、58年日仏修好通商条約調印にあたり通訳を務めた。函館で宣教。64年宣教会退会。フランス公使館書記、幕府の仏語伝習所教師を務め、徳川昭武の渡仏に同行。ニースで帰天。

24　1802-1882　フランスの教区司祭。フランシュ・コンテ地方サラン出身。1828年司祭叙階、神学校で哲学を教え、地域の歴史研究にも携わった。40年宣教師を志してラザリスト会に入会したが、健康を害して断念。44年ディーニャに赴任、同地で帰天。

25　Association de prières pour la conversion du Japon.「『日本の改宗を祈る会』と19世紀フランスのカトリック布教支援」参照。

26　"L'Union Franc-Comtoise" 1852年3月20日 (ブザンソンで発行)。

27 6体制作されたが、現存が確認されているのは河原町カトリック教会（京都）の1体のみ。ディーニャ教会にもあったはずだが所在は不明である。2012年、大塚喜直京都司教がディーニャを訪れて、「都の聖母」像レプリカを教会堂に贈った。
28 『幕末維新外交史集成』第4巻468頁。
29 1817-1881　フランスの外交官。パリ生まれ。オーストリア・デンマーク・ドイツ・中国を経て、1859年初代日本総領事として来日、翌年代理公使、61年全権公使となる。64年離日。テュニジア、次いでアルゼンチンに赴任。パリで帰天。
30 1859年10月20日付ジラール神父のパリ総本部宛書簡（AMEP, JAPON v.568, f.1325-1333.）
31 聖心教会。『明治カトリック教会史研究上』、『聖心聖堂百二十年史』、『横浜聖心聖堂創建史』、『横浜天主堂献堂・日本再宣教150周年記念誌―交わりとしての教会をめざして』参照。
32 1862（文久2）年2月、天主堂の見物人、横浜や江戸の商人、農民など約50人が神奈川奉行に捕らえられた。ジラール神父はフランス総領事を通じて抗議した。これに対して、江戸幕府は宣教師による日本語の説教や日本人の天主堂立ち入り禁止を申し入れ、捕縛した人々は釈放された。
33 日本二十六聖人殉教者天主堂。長崎外国人居留地（現在の長崎市南山手町）に建立された。
34 『プティジャン司教書簡集』、『長崎のキリシタン』、『1865年プティジャン書簡－原文・翻刻・翻訳－「エリア写本」より－』、『「信徒発見150周年」記念講演集』、「信徒発見を知らせたパリ外国宣教会宣教師書簡」参照。
35 信徒発見以降、宣教師と連絡をとってカトリックの信仰に戻った浦上村の潜伏キリシタンが、1867（慶応3）年から捕縛され、68（明治元）年から翌年にかけて3400人を超える信徒が全国に移送され、拷問を受けて棄教を迫られた事件。68年には五島・今村・伊万里などでもキリシタン弾圧が起きた。『浦上四番崩れ』、『日本史小百科　キリシタン』参照。
36 『明治年間法令全書』第1巻64〜65頁。
37 『明治年間法令全書』第1巻67頁。
38 1871年から73年にかけて、不平等条約改正の準備交渉と欧米の文物視察のために、岩倉具視を特命全権大使として、大久保利通、伊藤博文ら政府の要人が多数派遣された。『米欧回覧実記』、『岩倉使節団における宗教問題』、「岩倉使節団とフランス」参照。
39 1872年2月19日付（AMEP, JAPON v.569, f.5125-5128.）など。『ミッション・カトリック』同年4月19日号などに掲載。
40 『キリシタン史の新発見』（101〜102頁）参照。
41 1814-1886　フランスの東洋学者。日本キリスト教史について、聖フランシス

コ・ザビエル書簡集、日本二十六聖人殉教記録などを出版した。
42 "La persécution des chrétiens au Japon et l'ambassade japonaise en Europe"(1873, Paris)
43 『ミッション・カトリック』1873年3月21日号。
44 『ミッション・カトリック』1872年12月20日号。
45 『明治年間法令全書』第6巻164頁。
46 3月14日付で浦上キリシタンの長崎への帰村を各県に達示した。国立公文書館所蔵「太政類典」第2編第251巻7参照。
47 1843-1930　パリ外国宣教会宣教師。イル・エ・ヴィレーヌ県（レンヌ教区）出身。1866年宣教会入会、68年司祭叙階、同年横浜に上陸。函館で活動した後、72年から78年横浜天主堂主任司祭。その後、東京・函館での宣教を経て、1885年から1919年再び横浜天主堂主任司祭を務めた。1900年、山手44番の土地を入手し、06年新聖堂を建設。19年視力をほとんど失い、辞任して帰国。ペティエと読む場合もある。
48 1840-1893　パリ外国宣教会宣教師。ムールト・エ・モーゼル県（ナンシー教区）出身。1864年司祭叙階、69年宣教会入会、70年日本に向けて出発。71年横浜に上陸、73年長崎に移り、翌年代牧区副区長として横浜に戻る。1875年から横浜天主堂主任司祭を兼務。プティジャン司教、オズーフ司教が日本を離れている期間は代理を務めた。88年中緯代牧区設置にあたり代牧区長、セザロポリス名義司教に叙階、大阪に着座。91年初代大阪司教。翌年病気のため帰国。マルセイユで帰天。
49 カトリック女子修道会。1662年、ニコラ・バレによってフランスで創設された。1872年、プティジャン司教の招聘に応えて来日、横浜に上陸した。横浜・東京・静岡・鹿児島・福岡・長崎などで活動。当時の名称は、幼きイエスの愛徳教育修道会 Institut des Sœurs de l'Enfant Jésus、現在は幼きイエス会（ニコラ・バレ）。パリのサン・モール通りに本部が置かれたことからサン・モール修道会とも呼ばれる。
50 1814-1911　サン・モール修道会修道女。マティルドは修道名。本名はマリ・ジュスティヌ・ラクロ Marie Justine RACLOT。1832年修道会入会、52年マレー半島に派遣され、シンガポールなどで貧しい子どもたちのために働いた。プティジャン司教の招聘に応えて、72年4人の修道女とともに横浜に上陸した。横浜に、次いで東京に、孤児院や女学校を開いた。横浜で帰天。『ひとつぶの麦のように』参照。
51 浦上四番崩れが勃発した際、長崎の日本人神学生10数名がクザン神父に伴われて出国、マレー半島沖ペナン島の神学校に入った。1872年、ヴィグルー神父と共に帰国して横浜で学んでいた。その後、東京神学校や長崎神学校に移った。

52 深堀庄三郎（政吉）と宮崎市郎が横浜に逃れ、教会に匿われた。『旅の話－浦上四番崩れ』、『和歌山・名古屋に流された浦上キリシタン』参照。
53 プティジャン司教のもと横浜や長崎で印刷、出版された教書類。1868年の『聖教初学要理』、『聖教日課』をはじめ、総計約60種にのぼる。『切支丹典籍叢考』参照。
54 1840-1914　パリ外国宣教会宣教師。カルヴァドス県（バイユー教区）出身。1862年宣教会入会、65年司祭叙階。68年長崎に上陸。一時横浜に異動したが、長崎および外海地方で宣教活動、教育・社会事業に従事。長崎で帰天。横浜時代（71-73）には、教理書の印刷、サン・モール修道会修道院の建設にもあたり、作業着を着て、資材の運搬、大工・左官の仕事も進んで担当した。しかし、横浜から長崎に戻った正確な時期は未だ不明で、高札が撤去されたとき横浜にいたかどうかわからない。『ド＝ロ神父黒革の日日録』参照。ド・ロッツと読む場合がある。
55 1842-1911　パリ外国宣教会宣教師。ヴァンデ県（ルソン教区）出身。1864年宣教会入会、65年司祭叙階、66年長崎に渡来。浦上四番崩れのときには、日本人神学生をペナン神学校に同伴した。69年大阪に移り、78年無原罪の聖母にささげられた川口教会を建立。85年日本の南緯代牧区長としてアクモニア名義司教に叙階された。91年初代長崎司教として大浦天主堂に着座した。同地で帰天。
56 1829-1906　パリ外国宣教会宣教師。マンシュ県（クータンス）教区出身。1852司祭叙階、3年後宣教会入会。56年からシンガポール、62年から香港で同会の会計事務にあたった。特に66年には香港の同会会計事務所長。75年パリ神学校校長、77年パリでアルシノエ名義司教に叙階、日本の北緯代牧区長として横浜に着座した。翌年東京に移り、84年帰国。翌年教皇使節として来日。91年初代東京大司教。同地で帰天。
57 AMEP, JAPON v.570, f.77-81.
58 1844-1917　パリ外国宣教会宣教師。エン県（ベレ教区）出身。幼いときに両親を失い、司祭であった親族の影響もあって神学校に入学した。1869年司祭叙階、72年宣教会入会、73年日本へ派遣。長崎上陸後、キリシタンの司牧にあたる。79年神戸教会主任司祭、93年大阪司教総代理、96年大阪司教に祝聖された。1902年から資金を集めるために欧米を回った。大阪で帰天。
59 1847-1911　パリ外国宣教会宣教師。シャラント・マリティム県（ラ・ロシェル教区）出身。1871年司祭叙階、72年宣教会入会、73年日本派遣され浦上で司牧。77年五島に異動。80年長崎神学校校長。83年から約2年間、九州各地を回って宣教。85年上五島担当。89年浦上に移り、95年天主堂の建設を始めた。同地で帰天。なお、『浦上の使徒　テオドール・フレノ神父』（29頁）には、浦上への異動は1888年とある。

60　1845-1874　パリ外国宣教会宣教師。クルーズ県（リモージュ教区）出身。1868年司祭叙階、72年宣教会入会、73年日本派遣。神戸天主堂に赴任、日本到着から18カ月後、病気のため同地で帰天。

61　1845-1917　パリ外国宣教会宣教師。マンシュ県（クータンス教区）出身。1870年司祭叙階、72年宣教会入会、73年日本派遣。77年宣教会を退会して帰仏、教区司祭となった。

62　1849-1908　パリ外国宣教会宣教師。オート・マルヌ県（ラングル教区）出身。1871年宣教会入会、73年司祭叙階、日本派遣。東京の神学校で教え、77年フランス語教師として仙台に入り、82年まで滞在して宣教。東京に戻り、カテキスタ養成にあたる。84年浅草教会主任司祭、東京で帰天。

63　1849-1930　パリ外国宣教会宣教師。ノール県（カンブレ・リール教区）出身。1868年宣教会入会、73年司祭叙階後、日本に派遣された。東京の神田教会で日本語を学んだ後、新潟・佐渡・仙台・松本・甲府・東京の教会で活動。97年東京の関口教会主任司祭就任。1918年神山復生病院院長となった。『公教雑誌』の創刊に携わったほか、多数の著書がある。

64　1847-1904　パリ外国宣教会宣教師。オー・ラン県（ストラスブール教区）出身。1872年司祭叙階、宣教会入会。73年日本に派遣され、東京で宣教会が創設した学校でドイツ語を教えた。81年『公教萬報』を創刊。その後函館・東京で活動。94年宣教会を退会し、トラピスト修道院に入った。

65　1844-1932　パリ外国宣教会宣教師。メーヌ・エ・ロワール県（アンジェ教区）出身。1869年宣教会入会、73年司祭叙階後、日本派遣。75年宣教会退会、帰仏。教区司祭となる。

66　1850-1923　パリ外国宣教会宣教師。サルト県（ル・マン教区）出身。1869年宣教会入会、73年司祭叙階後、日本へ派遣された。横浜で日本語を学び、翌年東京築地教会の助任司祭となった。東京に複数の説教所を設けるとともに、沼津・立川・盛岡・松本を訪れて宣教にあたる。77年浅草教会を創立し、主任司祭に就任。83年函館元町教会主任司祭となる。しかし病のため香港に移り、その後帰国。モンブトンで帰天。

67　1847-1915　パリ外国宣教会宣教師。オート・ロワール県（ル・ピュイ教区）出身。1869年宣教会入会、73年司祭叙階後、日本に派遣されると、東京の神学校で教えた。エヴラール神父とともに新潟へ赴任、日本語を学ぶ。79年浅草教会へ転任、本所教会を創設。82年函館に移る。その後、札幌・青森・小樽・八戸などに巡回宣教した。植物学者としても知られている。94年健康を害して帰仏したが、96年再来日、青森で活動。1914年台湾で巡回宣教、同地で帰天。

第2章

68 ローマ帝国時代のおとめ殉教者とされる。1802年、遺骨が入った石棺がカタコンベで発見されたので、信心が広まった。しかし、その存在は教会記録になく、考古学者の検証により遺骨についても疑義が提示され、1960年に教会暦から削除された。

69 Le Menzaleh. フランスのメッサジュリ・マリティム社（注199）の汽船。1865年から地中海航路で運行、その後上海・横浜を結ぶ航路に移った。マンザレはエジプトの湖の名。

70 1829-1887　パリ外国宣教会宣教師。オート・マルヌ県（ラングル教区）出身。1850年代にインド南部のマイソールで宣教に従事、70年に普仏戦争が勃発して活動の財源が危うくなるとアメリカに渡って資金集めに回った。74年パリで"Histoire de l'Eglise de Corée"（『朝鮮殉教史』）を出版。77年、アジア視察旅行の途上、日本・朝鮮・中国からトンキンに赴き、病気のため帰天。

71 1818-1893　フランスの作曲家。フランス近代歌曲の父。代表作にオペラ「ファウスト」、「ロミオとジュリエット」などがある。

72 "Japan Weekly Mail"1873年8月23日に、前日22日マンザレ号の横浜港入港、乗客名簿にテストヴィド神父らの名前が記されている。

73 1865年、江戸幕府がフランスの協力を得て開設した横須賀製鉄所。後に明治政府が引き継いで横須賀造船所と改称した。お雇い外国人によって、日本人伝習生への技術指導が行われた。『横須賀製鉄所の人びと』参照。

74 『みかさ』241参照。『横浜教区設立50周年記念誌』年表には1867年とある。80年、横須賀造船所のフランス人が引き上げのため教会は閉鎖された。83年横須賀の稲荷谷（現在の中里町）に移転、聖ルイ教会となる。戦後稲岡町の現在地に移り、横須賀三笠教会となる。読売新聞2016年5月11日に関連記事がある。

75 1837-1908　フランス人造船技師。アルデシュ県で裕福な商人の家に生まれた。パリの理工科大学（エコール・ポリテクニク）で学び、海軍造船学校に進んだ。造船技師となり、寧波で勤務後、1865年江戸に入った。横須賀の製鉄所の立ち上げと運営のすべてに首長としてかかわっただけでなく、レンガの製造や水道工事にも力を注いだ。76年帰国後、海軍を辞め、鉱山の経営者となった。故郷オブナで帰天。『横須賀製鉄所の人びと』参照。

76 1830-1891　フランス人医師・植物学者。シャラント・マリティム県出身。1866-71年、73-76年、横須賀製鉄所の医師を務めた。製鉄所の関係者のみならず、一般の日本人の診察もした。植物学者として、採集した日本の植物について著書もある。ヴェルニーとほぼ同じ時期に帰国。故郷で帰天。『横須賀製鉄所の人びと』参照。

77 "Mémorial"（p.596）参照。
78 1842-1896　パリ外国宣教会宣教師。オート・マルヌ県（ラングル教区）出身。1865年宣教会入会、66年司祭叙階、長崎に入り、プティジャン司教のもとで潜伏キリシタンのために働いた。70年新潟、71年横浜に移り、同年東京神学校の初代校長に任じられた。74年日本・朝鮮・満州の地区顧問としてパリに戻り、神学校で教鞭をとる。84年ムドンの哲学課程神学校校長に就任、90年同校が無原罪の御宿り神学校としてビエーヴル（セーヌ・エ・オワーズ県）移転後も校長を続けた。95年パリの神学校校長就任。病のため、ビエーヴルで帰天。
79 カトリック教理。
80 1842-1921　パリ外国宣教会宣教師。ソーヌ・エ・ロワール県（オータン教区）出身。1863年宣教会入会、65年司祭叙階、66年来日。67年-72年、横浜天主堂主任司祭。68年東京築地に外国語教授の塾を開く。72年函館から東北縦断の旅をした。73年函館の元町教会主任司祭となり、77年教会堂献堂。81年病のため宣教会を退会して帰国。85年トラピスト修道院に入った。
81 1844-1919　パリ外国宣教会宣教師。モーゼル県（メッス教区）出身。1864年宣教会入会。67年司祭叙階、長崎に入る。68年函館で日本語を学ぶ。新潟・盛岡・青森などに宣教。75年横浜でフランス公使館付通訳を兼任。78年築地教会主任司祭就任。81年神田教会、89年麻布教会転任。92年まで愛知・岐阜に、94年-96年宇都宮に巡回宣教。98年再び築地教会主任司祭就任。1904年宣教会日本副管区長、06年副司教、07年横浜のサン・モール修道会付司祭兼名誉司教、若葉町教会にも貢献した。10年宣教会臨時日本管区長。横浜で帰天。
82 Ishisakiとある。
83 1807-1890　フランスの第2帝政末期の外務大臣。『聖心聖堂百二十年史』（6〜7頁）も参照。
84 1838-1878　パリ外国宣教会宣教師。オート・マルヌ県（ラングル教区）出身。1862年宣教会入会、65年司祭叙階、中国（満州）に派遣。健康を害して一時帰国、回復後75年中国に戻って活動を続け、帰天。
85 『横須賀製鉄所の人びと』の「フランス人関係者リスト」（iv頁）にある。第6書簡にも名前がある。
86 原文には、M.CHIROUとあり、神父であるかどうかわからない。神父であれば、モーリス・シルー Maurice CHIROU（1828-1911）の可能性が高い。同神父はパリ外国宣教会宣教師で、ピレネ・アトランティック県（バイヨンヌ教区）出身、1849年宣教会入会、52年司祭叙階、雲南（中国）派遣。神学校校長などを務め、69年パリ本部に戻り、朝鮮・日本・満州地区顧問となる。パリで帰天した。
87 不明。第11書簡にも登場する。

88　当時神田猿楽町にあった伝道学校のことか。
89　次の文が原書簡にはある。飼い犬が出産で弱り、苦しみを長引かせないためにとった手段であったと考える。
「あの話を続けますが、［犬の］オガスタがもういないことにあなたも興味をもつでしょう。ドルアール神父が、神学校の中庭で、オガスタを始末したのです。刑は恐ろしいものでした。6発の拳銃の弾丸 !!! マラン神父も一家のよき父として、心をこめて育てた哀れなオガスタの死に立ち会いたくなかったわけですが、その中庭でどんなに鳴り響いたかおわかりでしょう。ゴルは熱い涙を流し、ピテハは動揺しました。要するに、この日の悲しい出来事は、まだマラン神父の心の痛手となっています。しかしながら、この後オガスタは忘れられたようです。なぜならば、その空いた場所はすぐに新しい子犬たちによって占められたからです。母犬の運命は定められていました、すなわち、彼らは生まれてくるべきではなかったのです。しかし、あまりにも可愛かったので、マラン神父は、まだ触らせていて、この手紙を書いている時点では、みんながメスの子犬は欲しくないと言い合っているということです。子犬たちは、運命に身を任せるほかありません。やれやれ！！先へ進みましょう！」
90　Letrolerと読める。
91　Depoyautと読めそうだが、はっきりしない。オート・マルヌ県の都市サン・ディジエにある修道院副院長と思われる。
92　1838-1885　パリ外国宣教会宣教師。オート・ピレネ県（タルブ教区）出身。1859年宣教会入会、62年司祭叙階。63年来日、横浜で日本語を学び、翌年長崎に異動。大浦天主堂献堂、信徒発見の喜びをプティジャン神父とともにし、潜伏キリシタンのカトリック教会への帰正や日本人聖職者の養成にあたった。74年長崎でアポロニアの名義司教に叙階、補佐司教となった。76年南緯代牧区の設置に伴い、プティジャン司教と大阪に移った。プティジャン司教帰天の3カ月後、大阪で帰天。
93　聖ヨゼフ教会。マラン神父が築地居留地に仮聖堂を、オズーフ司教が1878年に木造聖堂を建立。
94　『年次報告』37頁。
95　1875年6月27日付マラン神父、7月27日付プティジャン司教のアルンブリュステ神父宛他。(AMEP, JAPON v.570, f.753-756, 813-816.)
96　Congrégation des Sœurs de l'Enfant Jésus de Chauffailles. カトリック女子修道会。1859年フランスのオータン教区で設立。プティジャン司教の要請で77年神戸に入った。大阪・長崎・京都・岡山・熊本などで教育と社会事業に従事。
97　『年次報告』42頁。
98　『ひとつぶの麦』79頁。

99　南多摩郡。1893(明治26)年東京に編入。現在東京都八王子市。
100　1855-1931　八王子の壱部方出身のカトリック信徒。洗礼名はヨゼフ。1877年5月20日、21歳のとき、横浜でテストヴィド神父から受洗、カテキスタとして村に戻った。78年聖マリア教会を建立した。後年自由民権運動に力を注いだ。「部落解放運動の先駆け－明治初期のカソリックの一役割－」、『人物中心の日本カトリック史』など参照。
101　1848-1916　八王子の壱分方出身のカトリック信徒。山上卓樹とともに村のキリスト教化と自由民権運動のリーダーであった。
102　1859-1932　リヨン出身。大阪名誉司教総代理。1881年司祭叙階。89年・92年・1908年来日。21年クレルモン・フェラン司教。
103　マルナスの大著"La religion de Jésus (Iaso Jakyô) ressuscitée au Japon dans la seconde moitié du XIXe siècle"(Paris, 1896)の翻訳である。
104　本書では明治時代に外国人宣教師の補佐をした日本人信徒。
105　『復活史』496頁。
106　「部落解放運動の先駆け－明治初期のカソリックの一役割－」48頁。

第3章

107　『世界漫遊家たちのニッポン』21頁。
108　『世界漫遊家たちのニッポン』25頁。
109　「明治時代の外国人内地旅行問題」43頁。
110　「明治時代の外国人内地旅行問題」44頁。
111　「明治時代の外国人内地旅行問題」に詳しい。
112　『年次報告』36頁。
113　『年次報告』66頁。
114　Congrégation des Sœurs de St.Paul de Chartres. カトリック女子修道会。1696年フランスで設立、18世紀から南米やアジアに修道女を派遣。1878年オズーフ司教の要請により函館に入った。東京・神奈川・岩手・宮城などで、教育と社会事業に従事。
115　『年次報告』(48頁)参照。
116　1842-1909　パリ外国宣教会宣教師。アヴェロン県(ロデズ教区)出身。1866年宣教会入会、67年司祭叙階、68年ペナン神学校に派遣。72年日本に派遣、神戸で活動。翌年東京神学校に異動、74年校長に就任した。77年代牧区副区長。78年から最初の巡回宣教師となり、約75カ所の宣教拠点を築いた。91-98年東京築地教会主任司祭、神山復生病院にもかかわった。99年健康を害して帰国、トゥルーズ教区で5年間司祭を努め、故郷に引退、帰天。

117 1878年4月2日付（AMEP, JAPON v.572, f.169-170.）。『復活史』（496〜497頁）参照。
118 現在の泉町教会。ご奉献のマリア教会、元八王子教会とも。1878年山上卓樹によって献堂、92年1月、火災によって焼失。『八王子教会百年』（28頁）参照。
119 『年次報告』48頁。
120 『年次報告』48頁。ただし、"Les Missions Étrangères en Asie et dans l'océan Indien"(p.127)には、テストヴィド神父の巡回宣教は1875年に始まったとある。
121 『復活史』498頁。「『巡回宣教師』テストヴィド神父の宣教活動」に詳しい。
122 横浜から八王子への途上にあたる現在の横浜市緑区十日市場か。
123 『日本キリスト教史』（185頁）、『宣教師ニコライと明治日本』（87頁）参照。
124 1815-1911　プロテスタントのアメリカ人宣教師・医師。ペンシルヴァニア州出身。1841年、アメリカ長老教会の宣教医として中国に派遣されたが、妻が病気のため、45年に帰国。ニューヨークで開業。59年横浜に上陸、神奈川宿の成仏寺に住み、日本語を学ぶかたわら、施療所を開いた。63年居留地39番に施療所を開設、妻は英学塾を始めた。S.R.ブラウンと協力して、聖書の翻訳にあたった。89年明治学院総理に就任、92年横浜指路教会を建てた。同年、帰国。『ヘボン』、『ヘボン在日書簡全集』参照。
125 1810-1880　プロテスタントのアメリカ人宣教師。コネティカット州出身。オランダ改革派から中国に派遣されたが、妻の病のため帰国。ニューヨーク州で牧師となった。59年来日、ヘボンとともに成仏寺に住み、63年居留地に移った。横浜・新潟などで英語を教えた。73年横浜山手211番に私塾を開き、日本人伝道者の養成に務めた。74年から新約聖書翻訳委員会の委員長であったが、完成目前に病気のため帰国。『S.R.ブラウン書簡集』参照。
126 1827-1896　プロテスタントのアメリカ人宣教師。ニューヨーク州出身。ペリー艦隊の乗組員として来日、帰国後宣教師を志し、1860年バプテスト派から派遣されて、横浜に上陸、成仏寺に住んだ。英語教授、通訳などのかたわら、聖書の翻訳に務め、71年『摩太福音書』を刊行した。翌年帰国。73年ネーサン・ブラウンとともに再来日、横浜第一浸礼教会を設立した。その振る舞いのゆえに解雇され、独立教会を建てた。79年より聖書販売人として、全国を回った。83年帰国。『ジョナサン・ゴーブル研究』参照。
127 1832-1920　プロテスタントのアメリカ人宣教師。オランダ改革派から派遣され、1861年神奈川に入り、成仏寺に住んだ。65年11月、日本語教師に日本で最初のプロテスタントの洗礼を授ける。72年、日本最初のプロテスタント教会である日本基督公会設立にあたって、仮牧師に就任した。75年新しい教会堂を献堂。関東・中部・東海に伝道の足跡を残している。1919年帰国。

『濱のともしび―横浜海岸教会初期史考』、『長老・改革教会来日宣教師事典』など参照。
128 1872年、横浜で最初のプロテスタント教会設立の際に、教派を超えて1つの組織を作ろうと考え、この名称がとられた。『日本基督教会史の諸問題』、『日本キリスト教会50年史』参照。
129 『バプテストの横浜地区伝道1873-1941』(40〜42頁)、『日本バプテスト厚木教会85年記念誌』(17〜19頁)他参照。
130 1836-1912　ロシア正教会宣教師。ニコライは修道名、本名はイオアン・デミトロヴィチ・カサトキン Ioan Demitrovich KASATKIN。1861年、箱館領事官付司祭として来日、日本語や文化を研究して、宣教を始めた。68年、最初の信徒として神官の沢辺琢磨を得た。70年一時帰国し、日本正教ミッションを開設して、掌院(正教会の修道院長)に任じられた。72年拠点を東京に移し、神学校を開いた。80年4月ペテルブルクで主教に叙聖されて再来日、91年東京復活大聖堂(ニコライ堂)建立した。日露戦争の勃発で多くの困難に直面したが、1906年大主教となった。日本で帰天。『明治のハリストス正教会』、『聖ニコライ大主教』参照。
131 『明治の日本ハリストス正教会』(20頁)参照。
132 アメリカ・ドルあるいはフランス領インドシナなどで用いられた通貨。
133 Père de famille とある。
134 不明。
135 不明。
136 『小田原カトリック教会百年記念誌』(17頁)参照。
137 無原罪の御宿りの聖母教会。
138 『年次報告』54頁。
139 『年次報告』53頁。
140 『小田原カトリック教会百年記念誌』(18頁)参照。
141 現在の東京都立川市砂川。当時は神奈川県北多摩郡、1893(明治26)年東京府に編入。
142 「明治のカトリック愛知・岐阜県の布教(2)」(274頁)参照。
143 「『巡回宣教師』テストヴィド神父の宣教活動」(118頁)参照。
144 現在の神奈川県相模原市大島か。
145 『年次報告』59頁。
146 「山上卓樹の足跡―自由民権・キリスト教・被差別部落―」(39〜40頁)参照。注340と同一人物か。
147 「僧侶肉食妻帯蓄髪並ニ法用ノ他一般服着用随意タラシム」。(『明治年間法令全書』第5巻ノ1、93頁)なお、廃止は大正9年6月。
148 「明治五年第百三十三号布告僧侶肉食妻帯公布ハ宗規ニ関係ナキモノトス」

(『明治年間法令全書』第11巻275頁)

149　真言宗については『明教新誌』592号、日蓮宗については同596号参照。
150　1825-1910　フランス人法律家。パリ近郊ヴァンセンヌ生まれ。グルノーブル大学、パリ大学教鞭をとり、1873年お雇い外国人として来日した。明治政府の法律顧問として、22年間の長きにわたって、日本近代化の課題であった法律の制定、法学教育に携わる。『日本近代法の父　ボワソナード』参照。
151　千藤洋三「ボアソナードの民法理論の研究－司法省学校での『離婚』に関する講義について」関西大学法学研究所（関西大学研究叢書第1冊『司法省法学校におけるボアソナードの講義に関する研究』1989、144～146・149・171頁）。
152　『年次報告』(58頁) 参照。
153　『年次報告』58頁。
154　『年次報告』58頁。
155　『年次報告』59頁。
156　日本26聖人殉教者教会。

第4章

157　現在の静岡県は廃藩置県の後に数度の統廃合があり、1878年に成立した。愛知県は1872年に、岐阜県は1876年である。
158　1846-1902　パリ外国宣教会宣教師。ジロンド県（ボルドー教区）出身。ボルドーの小神学校と大神学校で学び、1870年司祭叙階。71年宣教会入会、翌年インドのコインバトールに派遣。73年日本へ異動し、長崎・横浜・東京で活動。76年退会。東京で教鞭をとり、同地で帰天。
159　1849-1911　パリ外国宣教会宣教師。マイエンヌ県（ル・マン・ラヴァル教区）出身。1871年宣教会入会、74年司祭叙階後日本に派遣。78年日本語の教師として静岡県松長に入る。東京・新潟を経て、函館の元町教会主任司祭に就任。厳律シトー会を函館近郊に招致した。96年香港に異動し、黙想の家・サナトリウム・印刷所などの活動に従事、同地で帰天。
160　洗礼者聖ヨハネ教会。
161　アッシジの聖フランシスコ教会。1878年、ヴィグルー神父が初めて浜松に入った。東京で浜松出身の神学生、後に浜松のカテキスタとなった田村匡交と出会ったのがきっかけである。81年の聖堂献堂時に、すでに80人の信徒がいた。『浜松カトリック教会百年史』（3～5頁・11頁）参照。なお、土地については「信者より寄贈及土地購入（名義：信者5名）」（『新教会誕生に至るまでの「生みの苦しみ」』11頁）とある。
162　『浜松カトリック教会百年史』(5頁) も参照。

163	『浜松カトリック教会百年史』4頁。
164	1838-1882　フランスの政治家。穏健共和主義者で、第3共和政時代の首相。
165	1828-1923　フランスの政治家・物理学者。第3共和政時代の首相。
166	『年次報告』65頁。
167	『年次報告』67頁。
168	『八王子教会百年』(32頁)参照。
169	『八王子教会百年』31頁。
170	『年次報告』(65頁)参照。
171	『年次報告』68頁。
172	『公教萬報』第28号(1882年6月16日)。『聖アンナ教会百年史』(42頁)も参照。
173	『小田原カトリック教会百年記念誌』18頁。しかし、同誌も、『年次報告』(74頁)や『公教萬報』第28号(4頁)も、移転が1881年なのか1882年なのかはっきりしない。
174	『静岡県宣教史』34頁。
175	『公教萬報』第28号(4〜7頁)参照。
176	藤枝教会成立年についての見解は、『聖アンナ教会百年史』(40〜43頁)参照。
177	1842-1889　静岡県のカトリック信徒。金谷に生まれ、大井川架橋や牧の原開拓に貢献。1878年以降ヴィグルー神父から教えを受け、82年2月23日家族とともにテストヴィド神父から受洗、洗礼名はペトロ。金谷に教会を建立。中田とも。『聖アンナ教会百年史』(5〜10頁・32〜37頁)、『静岡県宣教史』(32〜33頁)参照。
178	聖ヨアキム教会。『静岡県宣教史』(33頁)、注177参照。
179	不明。ラングルの小神学校校長か。
180	不明。ラングルの司祭か。
181	『年次報告』74頁。
182	『年次報告』74頁。
183	『年次報告』74頁。
184	注74参照。
185	『公教萬報』第28号4頁。
186	深堀達右衛門神父、高木源太郎神父、有安秀之進神父。
187	『公教萬報』第48号(1883年4月16日)(3頁〜5頁)参照。
188	現在の横浜市緑区新治の旧名か。
189	現在の東京都町田市。
190	現在の東京都武蔵村山市か。

191 現在の神奈川県綾瀬市か。
192 『公教萬報』第48号4頁。
193 浸礼であるからバプテスト派と推測する。バプテスト派は、1875年来日の女性宣教師クララ・サンズが、日本人の女性伝道師を伴って町田・厚木・小田原方面に宣教した。82年に長後浸礼教会、86年上溝浸礼教会が設立された。厚木では、83年4月「水島与市が上溝浸礼教会において、川勝鉄弥牧師から受浸して後の厚木教会会員第一号となった」(『日本バプテスト厚木教会85年記念誌』17頁)。厚木での活動については、『バプテストの横浜地区伝道1873-1941年』(41頁)参照。なお、相模川での受洗については、『神をたたえて』(194頁)に詳しい。
194 「らい菌」に感染することで起こる病気。1873年に「らい菌」を発見したノルウェーの医師ハンセンの名前をとって、現在はハンセン病と呼ばれている。主に末梢神経が麻痺して熱や痛みを感じなくなったり、皮膚にもさまざまな症状が現れたりした。19世紀にはコレラやペストと同じように恐ろしい伝染病と考えられ、有効な治療法もなかった。20世紀半ば、「プロミン」という薬の有効性が確認されてからは、短期間で治癒し、後遺症も残らない。日本では、患者やその家族が偏見や差別の対象とされることがあり、1907年「癩予防ニ関する件」制定で患者の収容が始まり、1931年「癩予防法」に引き継がれて、すべての患者の強制隔離が進められ、人権を無視した施策が行われた。同法は1953年「らい予防法」となったが、完治する治療薬があるにもかかわらず、退所規定がなく隔離が続いた。1996年同法は廃止され、長年社会に根付いた偏見・差別の払拭が課題となっている。
195 この地図は同誌に見当たらない。
196 「この勇敢な人たちは〜扱われていないのです」は山口訳(注415)にはなし。「新しい法律」は、明治4年8月28日(1871年10月12日)太政官第448号及び第449号布告をさすか。
197 おたあジュリアの誤り。
198 ウルスラと1万1千人のおとめのことか。
199 Messageries Maritimes.フランス郵船のこと。1865年、上海・横浜間の定期航路を開いた。
200 旧約聖書詩編130。
201 1ピエは32.4センチメートル。
202 摂氏約6度。
203 frèreとあるので、弟かもしれない。
204 sœurとあるので、妹かもしれない。
205 旅館星屋の2階を借りて教会としていた。『病院の100年』(9頁)参照。
206 1878年12月3日、小島でヴィグルー神父から受洗。洗礼名はフランシスコ・

ザビエル。なお、小島は「岩淵付近」(『静岡県宣教史』31頁)。原文には Ajima とある。
207 1879年12月25日横浜で受洗、29歳、洗礼名はヨハネ。人物については、『静岡県宣教史』(49〜50頁)、『聖アンナ教会百年誌』(37〜40頁)参照。『病院の100年』(38頁)によれば、神山復生病院開院式で静岡県信徒総代として祝辞を述べている。
208 "Annales de la Propagation de la Foi".
209 「袋井にも当時すでに信者があり、明治16年11月テストヴィド神父より榊原家でミサがあげられている。」(『聖母と共に』7頁)
210 『聖母と共に』(7頁)には、4月25日に受洗したパウロ美濃部義備の名が挙げられている。また、洗礼台帳には、「美濃部某29歳、1883年4月29日受洗、洗礼名ペトロ」の記載がある。
211 1882年6月、ニコライが豊橋を訪問した。『宣教師ニコライの全日記』第2巻(182〜186頁)参照。
212 Fodo とある。法華宗か。
213 1870年の誤り。
214 ビールの一種。
215 フランスのワインの一種。
216 「あちこち〜もう一度入ることになりました」は山口訳にはなし。
217 「前に述べたように、〜早く確かめたいものです」は山口訳にはなし。
218 1854-1942 カトリック教会の日本人カテキスタ。岐阜県の医師の家に生まれ、勉学のために上京し、1875年受洗。カテキスタとしてテストヴィド神父とともに岐阜・愛知で巡回宣教。司祭を志したが、長男であったため、82年帰郷して医師となる。「明治のカトリック愛知・岐阜県布教」に詳しい。
219 東南アジアなどの小型船。
220 1855-1933 パリ外国宣教会宣教師。オート・マルヌ県(ラングル教区)出身。1875年宣教会入会、78年司祭叙階、日本派遣。テストヴィド神父、ミドン神父とともに、横浜と周辺地域で活動。1895年病気のため帰仏。トゥルーズで帰天。
221 『復活史』511〜512頁。
222 1859-1893 パリ外国宣教会宣教師。アヴェロン県(ロデス教区)出身。1879年宣教会入会、83年司祭叙階、日本派遣。東京・仙台・函館で活動した。92年病のため帰国、翌年パリで帰天。
223 1858-1912 パリ外国宣教会宣教師。ロ・エ・ガロンヌ県(アジャン教区)出身。高位聖職者を複数輩出した家系に生まれた。1881年宣教会入会、83年司祭叙階、日本に派遣。新潟・佐渡・函館・横浜で活動。関東大震災で帰天。
224 1884年1月18日付ミドン神父のパリ総本部宛書簡。(AMEP, JAPON v.573,

f.1212-1215.）
225　フランス北部の町。
226　"Semaine Religieuse".
227　frèreとある。
228　1808-1838　パリ外国宣教会宣教師・司教。コレーズ県（テュル教区）出身。1829年宣教会入会、30年司祭叙階。32年トンキン（ベトナム北部）に入り宣教にあたったが、38年7月逮捕、11月殉教。1988年列聖。
229　1809-1837　パリ外国宣教会宣教師。ヴィエンヌ県（ポワティエ教区）出身。1830年宣教会入会、翌年トンキン（ベトナム北部）に派遣、34年司祭叙階。37年逮捕、殉教。1988年列聖。
230　1803-1835　パリ外国宣教会宣教師。ドゥー県（ブザンソン教区）出身。1828年宣教会入会、29年司祭叙階、コーチシナ（ベトナム南部）派遣。35年逮捕、殉教。1988年列聖。
231　abbé Moresとある。
232　frèreとあるので、兄かもしれない。
233　sœurとあるので、姉かもしれない。
234　『やまて』第8号。
235　『街ノ灯』28〜29頁。
236　『街ノ灯』30頁。
237　『横浜市史稿』(140頁) 参照。ただし、「『横浜市史稿』に依拠した通説には誤りが多い」(『幕末・明治の横浜 西洋文化事始め』13頁) という指摘がある。
238　『やまて』第10号。
239　『横浜市史稿』(140頁) 参照。
240　『街ノ灯』31頁。
241　『街ノ灯』31頁。
242　『公教萬報』第67号 (1〜4頁) 参照。
243　『公教萬報』第67号1頁。
244　『公教萬報』第67号1頁。
245　住所は「横浜寿町2丁目105番地」(『公教萬報』第67号3頁) とある。「卓樹の親戚とされながら実像がよくわかっていない、三好箭蔵という人物」(『解放研究』第21号35頁）が、横浜のサン・モール修道会で使用人として働いていたことが指摘されている。1876年11月12日、31歳で横浜において受洗。洗礼名はヒエロニムス。また、「大山近隣出身の三好萬蔵」(『八王子教会百年』26頁) は山上卓樹の親戚でテストヴィド神父に引き合わせた人物とある。箭蔵と萬蔵の関係は不明。
246　「横浜聖教会学校教員」(『公教萬報』第67号4頁) とある。1875年12月24日、27歳で横浜において受洗。洗礼名はパウロ。また、神山復生病院開院

式で「神奈川県信徒総代」(『病院の100年』38頁)として祝辞を述べた團方は同一人物であろう。
247 『公教萬報』第67号2頁。
248 不明。
249 『公教萬報』第67号3～4頁。
250 『年次報告』95頁。
251 『年次報告』95～96頁。
252 『区制50周年記念 横浜西区史』(112～119頁)参照。
253 『交わりとしての教会をめざして』52頁。
254 『街ノ灯』17頁。
255 『プティジャン司教：キリシタン復活の父』序文。
256 『年次報告』(105・110頁)、『復活史』(512・545頁)参照。
257 『復活史』552頁。
258 1857-1884 パリ外国宣教会宣教師。イル・エ・ヴィレヌ県(レンヌ教区)出身。1882年司祭叙階、日本派遣。
259 1860-1935 パリ外国宣教会宣教師。カルヴァドス県(バイユ教区)出身。1882年宣教会入会、84年司祭叙階、中国に、次いで日本に派遣。函館のベルリオーズ神父のもとで日本語を学び、86年秋田や山形で活動。1912年白河に異動。1931年引退して鎌倉に移り、帰天。
260 1858-1930 パリ外国宣教会宣教師。ローヌ県(リヨン教区)出身。1878年宣教会入会、82年司祭叙階、日本派遣。当初は神田のエヴラール神父を、次いで麻生のフォリー神父を助けた。85年から築地の神学校で教え、87年に学校を関口に移転させた。96年病気のため帰国したが、1901年再来日。横須賀・小田原・静岡で活動。08年横浜のサン・モール修道会付司祭に、翌年から東京教区の司教総代理に就任。12年ボンヌ大司教帰天の後、東京大司教となった。第一次世界大戦、関東大震災といった試練を乗り越えた。26年引退、軽井沢で帰天。
261 『公教萬報』第85号。
262 『公教萬報』第87号。
263 『公教萬報』第85号(2頁)参照。
264 『公教萬報』第85号3頁。
265 『公教萬報』第85号(4頁)参照。『新教会誕生に至るまでの生みの苦しみ』(11頁)に年表がある。なお、『年次報告』(1885年)には、浜松についてテストヴィド神父の報告として次の引用がある。「ある人々が誤って他の教えを信じように、離教や異端はしなかったものの、キリスト信者の義務を実践しなくなった者が、新信者の中に幾人かいる。それにもかかわらず浜松は、確かに宣教師にとって最も慰めの多いポストである。私が2度の機会に、どれほ

ど盛大な、好感に満ちた歓迎を受けたか、そしてそのことが、一般民衆にどれほどよい印象を与えたかについては、すでに話したと思う。しかし宣教師にとって、なおいっそう喜ばしいほかの慰めが、このポストで私を待ち受けていた。それは、昨年の10月には34名、この5月には25名の受洗者があったことで、これは以前のすべての苦労を忘れさせるのに十分であった。聖心とロザリオの二つの信心会が共同体の熱心を支える一方、二つの共済会――つは信仰弘布を、他は福祉の発展を目指す―は、かくて望ましい目的、すなわち、キリスト信者共同体の自立に向かっての第一歩である」(108〜109頁)。

266 『公教萬報』第87号1頁。
267 『公教萬報』第87号2頁。
268 『宣教再開百年誌』79頁。
269 1878年、ヴィグルー神父が授洗した浜松最初の信徒。5月11日受洗、洗礼名はペトロとマリア。次男は静岡県で初めての日本人司祭外岡(殿岡)金声。『宣教再開百年誌』(81〜86頁) 参照。
270 『年次報告』95頁。
271 『年次報告』(95頁) 参照。
272 『年次報告』(95頁) 参照。
273 『八王子教会百年』(12頁) 参照。カテキスタは新城信一とある。
274 『年次報告』95頁。
275 在位1878-1903。
276 1859-1930　パリ外国宣教会宣教師。アヴェロン県(ロデズ教区)出身。1879年宣教会入会、82年司祭叙階、日本北緯代牧区に派遣。東京で日本語を学び、ヴィグルー神父とともに関東地方北部の広大な地域で巡回宣教師として活動。91年から宇都宮を中心に宣教と司牧にあたり、孤児の救済にも尽くした。東京で帰天。
277 1853-1933　パリ外国宣教会宣教師。オート・マルヌ県(ラングル教区)出身。1874年宣教会入会、77年司祭叙階、日本へ派遣。新潟で日本語を学び、81年浅草で活動。84年秋田、次いで盛岡、87年には名古屋、1903年富山・金沢へ転任した。06年から32まで東京の麻布教会主任司祭を務めた。東京で帰天。
278 1857-1941　パリ外国宣教会宣教師。アヴェロン県(ロデズ教区)出身。1875年宣教会入会、81年司祭叙階、日本派遣。85年テュルパン神父と盛岡で活動、翌年福島に着任、92年仙台、次いで札幌に移った。1915年郡山、22年北海道の当別転任。37年東京のベトレヘムの園病院に引退、同院で帰天。
279 1852-1929　パリ外国宣教会宣教師。サヴォワ県(シャンベリ教区)出身。1872年宣教会入会、75年司祭叙階、香港の宣教会事務所に、77年マルセイ

ユの宣教会事務所に派遣された。79年日本派遣、盛岡・浅草・函館で活動。91年函館教区の初代司教に任じられた。1927年引退して香港に移り、29年フランスに戻り帰天。
280　1854-1914　パリ外国宣教会宣教師。オート・ソーヌ県（ブザンソン教区）出身。1879年司祭叙階、日本へ派遣された。松本や小田原の教会で司牧。1913年静岡に異動、同地で帰天。
281　聖トマス教会。『公教萬報』第94号参照。
282　1847-1922　パリ外国宣教会宣教師。ウール・エ・ロワール県（シャルトル教区）出身。1871年司祭叙階、小神学校で8年間教えた。79年宣教会入会、80年日本派遣。30年間東京で活動。神学校で教え、「明治カトリック最大の著作家」として活躍した。1912年香港に移り、帰天。リギョールと呼ばれることがある。
283　不明。
284　『公教萬報』第94号（1885年4月1日）1頁。
285　『カトリック沼津教会百年のあゆみ』9頁。
286　『カトリック沼津教会百年のあゆみ』(9頁)には11月5日とある。
287　『フランス植民地主義の歴史』172頁。
288　『アジア・キリスト教の歴史』308頁。
289　260頃〜330頃　北アフリカ出身のラテン教父。ラテン語名は、ラクタンティウス LACTANTIUS, Lucius Caelius Firmianus。
290　ラクタンティウス（注289）の著作。
291　ルカによる福音書2章29〜32節。最初の1節は「主よ、今こそあなたは、お言葉どおりこの僕を安らかに去らせてくださいます」のこと。
292　『年次報告』(109頁)によれば、アングリカン・チャーチのイギリス人司祭として来日。横浜クライスト・チャーチとして、居留地105番で日本語による礼拝を始めた。これが現在の聖アンデレ教会の前身となった。
293　『年次報告』(109頁)参照。
294　『年次報告』109頁。
295　『年次報告』(106頁)参照。

第5章

296　『年次報告』125頁。
297　『年次報告』125頁。
298　注318参照。
299　『カトリック沼津教会百年のあゆみ』(9頁)参照。
300　『天主之番兵』第116号（1887年2月1日）参照。

301 『天主之番兵』第116号参照。
302 『天主之番兵』第116号(244頁)参照。
303 『天主之番兵』第116号(243～244頁)参照。
304 『宣教再開百年誌』90頁。
305 『宣教再開百年誌』(90～91頁)参照。
306 『年次報告』125頁。
307 『年次報告』125頁。『天主之番兵』第116号にも関連記事がある。
308 『天主之番兵』第119号(1887年5月1日)参照。
309 『天主之番兵』第121号(1887年7月1日)参照。
310 『天主之番兵』第121号。
311 不明
312 『天主之番兵』第121号。
313 『天主之番兵』第116号(243～244頁)参照。『宣教再開百年誌』(91～92頁)には、「寺子屋のような性格の学校であったと考えられる」と、『静岡県宣教史』(47頁)には「沼津と藤枝のカテキスタ、フランシス伊藤、ヨハネ荒木は学校を開設するために呼ばれた」とある。伊藤は注206、荒木は注207参照。
314 『カトリック沼津教会百年のあゆみ』(8頁)参照。
315 江馬、依馬とも。
316 『静岡県宣教史』(52頁)参照。
317 『年次報告』148頁。
318 1872-1951　カトリック信徒。1886年3月14日テストヴィド神父より受洗、洗礼名はモーゼ。ただし、『カトリック沼津教会百年のあゆみ』(10頁)には1887年3月とある。教育者としてサン・モール修道会や宣教師の静岡における活動を助けた。『静岡県宣教史』(50頁)、『聖アンナ教会百年史』(16～23頁)参照。
319 「徳川幕臣の子で、25歳のとき洗礼を受けた。その後、警察官となり、静岡県各地の警察署長を歴任し、退官後田方郡長に就任した。(中略)田方郡長に就任してからは三島に在住し、自宅を教会として開放し、精力的に布教に協力した。」(『カトリック沼津教会百年のあゆみ』10頁)なお、九州で受洗したと『静岡県宣教史』(53頁)にある。
320 『年次報告』148頁。
321 La Société de Marie.カトリック男子修道会。1817年フランスのボルドーで創設。主に教育事業に従事。オズーフ司教の招きで1887年来日し、東京・神奈川・長崎・大阪・北海道などで活動、東京の暁星学園、横浜のセント・ジョゼフ・カレッジなどがある。
322 東京でマラン神父から受洗した松長出身のカテキスタ。1875年8月、鈴木がキリスト教への改宗届けを県に提出したことがきっかけで「松長キリシタン

事件」が起きた。『カトリック沼津教会百年のあゆみ』(6〜7頁)、『静岡県宣教史』(16〜22頁)参照。
323　『50年のあゆみ1959-2009』(83頁)参照。
324　『病院の100年』(37頁)に受洗は1886年11月とある。
325　『静岡大務新聞』明治19(1886)年8月17日に、すでに教会があったという記事がある。
326　1827-1909　パリ外国宣教会宣教師。タルン・エ・ガロンヌ県（モントーバン教区）出身。1850年司祭叙階、宣教会入会。51年ペナン神学校へ派遣された。55年パリに戻り、68年宣教会パリ神学校校長となり、本部増築、会則改訂、香港のサナトリウム開設にあたった。80年ローマ会計事務所所長、83年パリ神学校校長に異動。95年校長職をアルンブリュステ神父に譲ったが、その帰天により再任、1904年まで務めた。パリで帰天。
327　『病院の100年』13頁。
328　『静岡県宣教史』(56頁)参照。『カトリック沼津教会百年のあゆみ』(9頁)にも関連記述がある。この建物は後に神山復生病院に移築され、木材の一部は現在も物置として使用されている。注368参照。
329　1826-1895　岐阜県出身の漢方医。
330　ハワイ諸島。
331　「特別な」あるいは「個々の」という意味か。
332　『年次報告』148頁。
333　「患者が非常に瞑眩する割には反応はなかったので、追々これを廃止した。ただし、一時斑紋や結節の吸収されることは、ここにもあった」(『日本らい史』23頁)。
334　『日本らい史』20頁。
335　1840-1889　ベルギー人司祭。イエズス・マリアの聖心会会員。ダミアンは修道名。本名はジョゼフ・ド・ヴステール Joseph de Veuster。ハワイのモロカイ島に隔離されていたハンセン病患者のために献身的な働きをし、自らも罹患した。1995年列福、2009年列聖。
336　上総オサカ村出身のカトリック信徒。1879年8月25日受洗。洗礼名ペトロ。『病院の100年』(14・38頁他)参照。
337　『病院の100年』(13頁)参照。
338　『苦闘史』(87〜88頁)参照。
339　在任1883(明治16)年9月〜1889(明治22)年5月17日(病院許可の翌日)。
340　在任1884(明治17)年8月〜1888(明治21)年5月7日。『公教萬報』94号(2頁)にある、砂川で神父を助けた同名の信徒(注146)と同一人物か。許可は後任の河目俊宗。なお郡役所は沼津にあった。
341　frèreとあるので、弟かもしれない。

342　現在では遺伝しないことが確認されている。注194参照。
343　1841-1916　パリ外国宣教会宣教師。イル・エ・ヴィレヌ県（レンヌ教区）出身。1861年宣教会入会、64年司祭叙階、トンキン西部（ベトナム）に派遣。72年同地区顧問としてパリに戻る。85年エックスのサナトリウムなどを経て、1900年ビエーヴル神学校校長、01年パリ神学校に赴任。14年モンブトンに引退、同地で帰天。
344　ベルギーの特命全権公使。1884年12月任命。『幕末の駐日外交官・領事官』（318頁）参照。
345　新約聖書マタイによる福音書10章42節。
346　1844-1905　パリ外国宣教会宣教師。ムーズ県（ヴェルダン教区）出身。1868年宣教会入会、70年司祭叙階、香港へ派遣。72年シンガポールへ異動、74年同宣教会会計事務所責任者、76年上海会計事務所責任者。91年香港会事務所計責任者となり、1903年病気のため職を辞した。香港で帰天。
347　琵琶湖以西の本州と四国。
348　1888年7月1日付ミドン司教のマルティネ神父宛書簡（AMEP, JAPON v.572, f.4-7.）
349　Vouillemontと読める。テストヴィド神父の支援者と思われる。
350　『年次報告』（153・162・171頁）参照。
351　『年次報告』167頁。
352　注319参照。
353　『年次報告』167～168頁。
354　『天主之番兵』第140号（1889年2月5日）（159～162頁）参照。
355　『天主之番兵』第140号161頁。
356　『年次報告』189頁。
357　『復活史』571頁。
358　『苦闘史』（93～94頁）、『病院の100年』（30～31頁）参照。
359　県立第一伊豆病院などで研究と診療に携わった。『苦闘史』（107～108頁）参照。また、1889年1月13日御殿場で受洗、33歳。洗礼名はルカ。
360　不明。
361　1882年4月28日、水土野で受洗、44歳。洗礼名は洗礼者ヨハネ。小田原から沼津までの地域でテストヴィド神父の供をした林久次郎（1881年4月17日15歳で受洗。洗礼名はペトロ）の父。『苦闘史』（104頁）参照。
362　1882年4月28日、35歳で受洗。洗礼名ヨハネ。
363　『病院の100年』38頁。
364　『苦闘史』（94頁）参照。また、後年前地主の借金のために病院の土地が差し押さえられるそうになるなどの問題が生じた。『苦闘史』（96～97頁）も参

照。

365　1495-1550　ファン・デ・ディアス。ポルトガルの生まれだが、スペインで活動した。44歳のとき、病者や貧者のための男子修道会、聖ヨハネ病院修道会を設立した。質素で厳格な生活を送り、献身的に苦しみの中にある人々のために尽くした。1690年列聖、「病者の守護聖人」。なお、同会は1951年来日、本部は神戸市にある。

366　1889-1940　カトリック司祭。東京出身。1901年受洗、洗礼名はフランシスコ・ザビエル。東京大学、パリのカトリック大学などを経て、ローマのプロパガンダ大学で学ぶ。25年、イタリアで司祭叙階。30年神山復生病院院長に就任。『聲』・『カトリック新聞』の編集長を務めた。御殿場で帰天。

367　『苦闘史』103頁。

368　『苦闘史』104～105頁。

369　『苦闘史』106～110頁。

370　『苦闘史』87頁。

371　原本は失われているが、控えが残されている。『病院の100年』(34～36頁)参照。

372　7月1日。『病院の100年』(38頁)参照。

373　1842-1912　パリ外国宣教会宣教師。イル・エ・ヴィレヌ県(レンヌ教区)出身。1866年司祭叙階、69年宣教会入会、70年日本へ派遣。長崎で『復活史』の資料を収集して、マルナス司教に提供。74年横浜に異動、以後、東京・岩手・宮城・新潟を経て、88年横浜のサン・モール修道会付司祭、オズーフ司教の副代牧。1908年静岡教会に転任、同地で帰天。

374　1891年5月帰天。

375　『病院の100年』(38頁)参照。

376　"Japan Daily Mail"9月30日にも同じ記事が掲載された。

377　Club Concordia.ドイツ人が多い。

378　10月26日。

379　12月7日。"Japan Daily Mail"12月5日にも同じ記事が掲載された。

380　『年次報告』(191～192頁)参照。

381　『年次報告』197頁。

382　『八王子教会百年』21頁。

383　藤枝出身の青年。『八王子教会百年』(21頁)参照。

384　『静岡県宣教史』(52頁)参照。

385　6月25日の誤りか。

386　『年次報告』217～218頁。

387　1850-1917　パリ外国宣教会宣教師。マンシュ県(クータンス教区)出身。1874年司祭叙階、宣教会入会、75年満州に派遣。91年地区顧問としてパリ

に戻る。古文書、年次報告編集などに従事。1904年派遣宣教師の責任者、07年ビエーヴル神学校へ異動。13年パリに戻る。同地で帰天。
388 『年次報告』238頁。
389 現在の東京大学病院。
390 『公教學術雜誌』第44号（8月20日）参照。同誌は1889年11月創刊の『公教雜誌』を、1891年8月8日に解題したものである。
391 "Album des Missions Catholiques Asie Orientale"（p.88）参照。
392 "Japan Weekly Mail"1891年5月30日参照。
393 Le Saghalien. メッサジュリ・マリティム社の汽船。
394 『苦闘史』(113頁)参照。
395 神山復生病院の墓碑、『苦闘史』(114頁)など参照。
396 AMEP所蔵の死亡証明書写しによる。(JAPONv.573,f.2283.) 在香港フランス領事館への届けには、マルティネ神父の署名がある。
397 『年次報告』239頁。
398 1891年8月8日。

第6章

399 『人物中心の日本カトリック史』224頁。
400 『人物中心の日本カトリック史』(225頁)参照。
401 『静岡県宣教史』38頁。
402 1857-1929　パリ外国宣教会宣教師。リュクセンブルク出身。仏英独語に堪能。82年宣教会入会、86年司祭叙階、87年日本に派遣。日本語にも通じ、『聲』の編集長を18年間務めた。東京で帰天。
403 牧の原の松下八之助のこと。1882年2月23日受洗、洗礼名はヨハネ。『聖アンナ教会百年史』(13〜16頁)参照。
404 1866-1949　パリ外国宣教会宣教師。ロ県（カオール教区）出身。1885年宣教会入会、89年司祭叙階、日本へ派遣。2年間日本語と文化を学び、八王子に着任し、44年間司牧。1936年、フロージャック神父が設立したベタニア修道女会付司祭となり、清瀬に異動。同地で帰天。
405 『八王子教会百年』22頁。
406 1850-1910　パリ外国宣教会宣教師。ピレネ・アトランティック県（バイヨンヌ教区）出身。1871年宣教会入会、74年司祭叙階、日本へ派遣。東京で日本語を学び、79年新潟、81年横浜のヨーロッパ人を司牧。84年オズーフ司教と共に渡米後、86年東京着任。募金のため3年間欧米で活動。帰日して、横浜の日本人地区で活動、94年若葉町教会建立。1902年サガラソ名義司教として叙階、オズーフ司教に協力した。06年東京大司教。09年病気のため帰

仏、故郷で帰天。
407 "Le Père Testevuide et sa léproserie de Gotemba (Japon)" p.1.4.10.
408 1867-1917　パリ外国宣教会宣教師。タルン県（アルビ教区）出身。1886年宣教会入会、90年司祭叙階、日本へ派遣。93年神山復生病院着任、留守の多い院長ヴィグルー神父を助けた。96年院長に就任。1913年病気のため香港のサナトリウム行、翌年帰日。16年病が悪化し、横浜で帰天。
409 1886-1950　パリ外国宣教会宣教師。ロ県（カオール教区）出身。1908年宣教会入会、10年司祭叙階、11年東京へ派遣。宇都宮のカディヤック神父のもとで日本語を学び、15年神山復生病院に着任し、周辺地域の司牧にあたる。16年沼津、20年東京へ異動。病気のため帰国。モントーバンのサナトリウムで帰天。
410 Sœurs des Missionnaires du Christ-Roi。カトリックの女子修道会。1928年カナダで創立。33年来日、鹿児島・東京・埼玉で病者の世話にあたった。戦後は、孤児収容施設、結核療養所などを運営、47年神山復生病院の経営を引き継いだ。
411 『キリスト教史8　ロマン主義時代のキリスト教』（309頁）参照。
412 "Les Missions Etrangères en Asie et dans l'océan Indien" (p.126) 参照。
413 『苦闘史』83頁。
414 1870-1953　福島県出身のカトリック信徒。カテキスタとしての活動後、雑誌『聲』の記者となる。東京の神学校でも教鞭をとった。
415 1939年7月～9月・11月号。
416 第15書簡は14～21頁、第17書簡は22～29頁参照。
417 第10書簡は504～511頁、第15書簡は589～591頁参照。
418 p.596.また、追悼文 Notice nécrologique がパリ外国宣教会の本部公式サイトにある。

むすびにかえて

　本書は、実に多くの方々の願いと祈り、具体的で献身的なご奉仕によって出版に至った。
　そもそも私がテストヴィド神父の書簡に深い関心を寄せるようになったのは、2012年5月、長野県松本市の郊外で開催されたカトリック横浜教区の司祭たちの研修会においてである。その年は、横浜天主堂献堂150周年のお祝いの年で、関連行事の中で何度か講演をさせていただいたのだが、その最初がこの研修会であった。カトリック司祭の小笠原優師と松尾貢師からテストヴィド神父の史料について尋ねられたが、即答はできなかった。御殿場にハンセン病院を創設した巡回宣教師という程度の認識しかなかったからだ。しかしこのとき、いつかテストヴィド神父のことを調べてみようと思った。
　2年後、両師と改めてお目にかかり、手元にあるパリ外国宣教会の膨大な史料の中にテストヴィド神父の直筆書簡があるとご報告し、コピーもご覧いただいた。すると「それをまとめることはできないだろうか」というありがたいお話だったが、本来の仕事があるため、残念ながらお引き受けできないとお答えせざるを得なかった。というのも、19世紀のフランス語手書き文書の翻訳には、まず正確な翻刻、そして古い文体の翻訳という二重の作業が必要で、特にインクや用箋の経年劣化のため筆記体で書かれた書簡を判読する翻刻はときに暗礁に乗り上げることもある難事であるからだ。
　ところが、両師が「その作業ができる人を捜しましょう」とおっしゃる。これまたありがたいが、正直なところ簡単には見つからないだろうと思った。フランス人でも読めないことがあるのを知っているからだ。しばらくして、松尾師から連絡をいただいた。「見つかりました。顔合わせをしましょう」と。書簡の束を持ち、半信半疑で、藤が丘教会に伺った。

こうして、両師を中心に、ヴォランティアで翻刻・翻訳を引き受けてくださった菊地康夫氏（藤が丘教会）、織田浩子氏（鷺沼教会）、飯山禮文氏（百合ヶ丘教会）、鈴木美奈子氏（パリ在住）の代理赤沢美恵子氏（碑文谷教会）、そして私という、テストヴィド神父チームが組まれた。それから年に数回のミーティングで、教会関係訳語などの調整や情報の交換をするようになった。また、英文の書簡、参考にした新聞記事などの翻訳は友人である杉山秋子氏にお願いした。

　両師のリーダーシップとお力添え、そしてヴォランティアの方々の卓越した語学力をもってのご奉仕がなければ、本書は実現しなかった。ここに心からの感謝を申し上げたい。

　また、カトリック横浜教区司祭の保久要師、濱田壮久師、金子尚志師、パリ外国宣教会古文書室のブリジット・アパヴ氏 Brigitte APPAVOU、同図書室のアニー・サラヴェール氏 Annie SALAVERT、神山復生病院記念館の森下裕子氏、早稲田大学の浅古弘氏、聖心女子大学の小川早百合氏には、お忙しい中特にご協力をいただいた。厚く御礼申し上げる。

　私はヴォランティアの皆様が送ってくださる翻刻と翻訳を見直し、文体と訳語を統一をしたり、テストヴィド神父の宣教活動全体が見わたせるような構成を考えたりすることに専念させていただいた。その際、文献資料の収集と整理の細かい作業を引き受けてくれた、娘の百合子にも感謝である。しかしながら、私の力が及ばず、浅学にしてなお誤りが少なくないと思われる。お気づきの点はご教示いただきたい。

　明治期の宣教については、長崎を中心とした潜伏キリシタンのカトリック教会への復帰に関する研究が多く、異教徒の日本人への活

動に関する一次史料に基づくものは決して多くはない。本書が、こうした研究をわずかでも進めるとともに、一般の方々に宣教師の活動についてのご理解を深めていただければと願うものである。御殿場での最初の事業が緒についてから130年目の2016年に、テストヴィド神父が書き残された書簡をまとめられた幸いを、神に感謝！

中島昭子

あとがき

　神に呼び出されたアブラハムを始祖とするイスラエル民族は、その長い苦難の歩みの中で、自分たちの歴史を神に導かれた「救いの歴史」であるとみなし、数々の試練を乗り越えていったのでした。この歴史は「時満ちて」神の子イエス・キリストにおいて頂点に達した──これはキリスト教信仰の根幹です。そのため「聖書」に記された壮大な救いの歴史は、キリスト信者の関心の的となって今日に至るまで熱心に学ばれてきたことは言うまでもありません。
　しかし、「救いの歴史」はイエス・キリストにおいて完結してしまったのではなく、その後も人類の救いを目指してキリストの教会をとおして展開し、今日に至っています。キリストを信じる者にとって、キリスト教の歴史（＝キリストの教会の歩み）を振り返るのは、有為転変の世のただ中にあっても常にキリストの救いの恵みが働き続け、慈しみ深い神の現存が特に虐げられた人々をとおして示されている事実を確認し、希望をつかむためなのです。人類の営みが苦しみや罪深さ、悲しみや混乱に翻弄されたとしても、キリストにおける完成を祈りと行動をもって目指すことで「救いの歴史」へと変えられていくのです。
　考えてみればわたしたち各自の歴史（歩み）は、偶然の積み重ねと言えます。横浜市中区にある末吉町教会の主任司祭として遣わされたのがきっかけで、わたしはテストヴィド神父が当教会（終戦前までは若葉町教会）の主任司祭であったことを知って、その存在を身近に感じるようになり、パリ外国宣教会による宣教再開と横浜との関係に関心をもつようになりました。さらにハンセン病患者のための神山復生病院がこのテストヴィド神父によって創設されたことを知って驚いたものです。同じ司祭職に呼ばれた者として、日本における福音の証しと宣教の課題の重さを思い知らされ、偉大なこの

先輩をもっと知りたいと思うようになりました。

　2012年、横浜天主堂の献堂と宣教再開150周年の祝祭の折りに、記念講演をなさった中島昭子先生が、テストヴィド神父の手紙のマイクロフィルムをお持ちであることを聞き、ぜひともそれを公開してみようと思い立ちました。以来、横浜教区第二地区の信徒有志による翻訳チームの力強い協力と司祭団の応援を得てこのたびの出版の運びとなった次第です。

　実務を引き受けてくださった松尾貢神父には深く感謝いたします。歴史学者としての中島先生の粘り強い働きを目の当たりにし、その心の奥にキリストの教会への愛、とりわけ150年前の宣教再開期に活躍したパリ外国宣教会の宣教師たちへの深い尊敬と愛を感じたのはわたしだけでしょうか。

　このようなことを振り返ると「歴史」は単なる偶然の積み重ねで終わってしまうのではなく、大いなる御者の導きの下にあることを改めて実感します。テストヴィド神父の書簡には、彼の宣教活動と心と生きざまの一端が記されています。中島先生はそうした彼を取り巻く当時の状況を生き生きと歴史的に検証してくださいました。

　具体的な世の動きの中で自分の使命と神の愛を生き抜いたテストヴィド神父の「とき」は、大いなる救いの歴史の確かな一コマをなし、その130年後、彼の手紙を翻訳してこのような形で世に出したわたしたちの「とき」とが呼応し合いながら、悠久な救いの歴史に巻き込まれていることを不思議に思います。

　最後になりますが、出版にあたりドン・ボスコ社の金澤康子氏に大変お世話になりました。ここに感謝の気持ちを表したいと思います。

2017年5月22日

横浜教区司祭　小笠原　優

主要参考文献

青山玄 「明治のカトリック愛知・岐阜県布教」(1)～(6)(『The Missionary Bulletin 布教』、1971)
維新史学会編 『幕末維新外交史料集成』第4巻 (1944)
石居人也 「山上卓樹の足跡－自由民権・キリスト教・被差別部落－」(『解放研究』第21号、2008)
池田敏雄 『人物中心の日本カトリック史』(サンパウロ、1998)
板垣博三 『横浜聖心聖堂創建史』(エンデルレ書店、1987)
伊藤久子 「明治時代の外国人内地旅行問題－内地旅行違反をめぐって－」(『横浜開港資料館紀要』第19号、2001)
井上平三郎 『濱のともしび―横浜海岸教会初期史考』(キリスト新聞社、1983)
浦川和三郎 『切支丹の復活』(1927-1928。国書刊行会、1979)
浦川和三郎 『浦上切支丹』(全国書房、1943)
江口源一 『プチジャン司教：キリシタン復活の父』(1970)
海老沢有道 『切支丹典籍考』(拓文堂、1942)
海老沢有道・大内三郎 『日本キリスト教史』(日本基督教団出版局、1970)
大久保泰甫 『日本近代法の父　ボワソナード』(岩波新書、1977)
大島良雄 『バプテストの横浜地区伝道1873-1941年』(ダビデ社、2007)
太田淑子他編 『日本、キリスト教との邂逅』(オリエンス宗教研究所、2004)
太田淑子編・H.チースリク監修 『日本史小百科 キリシタン』(東京堂出版、1999)
岡部一興編　高谷道男・有地美子訳 『ヘボン在日書簡全集』(教文館、2009)
小田原カトリック教会百年祭実行委員会 『小田原カトリック教会百年誌1879～1979』(1979)
片岡弥吉 『浦上四番崩れ』(筑摩書房、1963)
片岡弥吉 『長崎のキリシタン』(聖母の騎士社、1989)、
カトリック浦上教会 『旅の話－浦上四番崩れ』(2005)
カトリック浦上教会 『浦上キリシタン資料　四番崩れの際に没収された教理書・教会暦など』(2012)
カトリック御殿場教会 『50年のあゆみ　1959-2009』(2009)
カトリック末吉町教会120周年記念誌編集委員会 『街の光 カトリック若葉町・末吉町教会120周年記念誌』(1996)
カトリック八王子教会百年記念誌編集委員会 『八王子教会百年 1877～1977』(昭和52)
カトリック浜松教会 『新教会誕生に至るまでの生みの苦しみ』(1994)
カトリック横須賀三笠教会 『みかさ』241(1989)

カトリック山手教会編 『聖心聖堂百二十年史』(1982)
カトリック山手教会 『やまて』第8号・第10号 (昭和45)
川崎晴朗 『幕末の駐日外交官・領事官』(雄松堂、1988)
川島第二郎 『ジョナサン・ゴーブル研究』(新教出版社、1988)
関西大学法学研究所 『司法省法学校におけるボワソナードの講義に関する研究』(1989)
木越邦子 『幕末・明治期キリスト教群像』(現代企画室、2012)
神山復生病院復生記念館 『神山復生病院120年の歩み』(2009)
岸野久・村山早苗 『キリシタン史の新発見』(雄山閣、1995)
小林元 『聖アンナ教会百年史』(聖アンナ・藤枝カトリック教会、1978)
斉藤多喜夫『幕末・明治の横浜 西洋文化事始め』(明石書店、2017)
佐々木忠夫編 『浜松カトリック百年史1878-1978』(1978)
純心女子短期大学長崎地方文化史研究所編 『プチジャン司教書簡集』(1986)
杉山晴康編 『裁判と法の歴史的展開』(成文堂、1992)
聖アンナ・藤枝カトリック教会 『聖アンナ教会百年史』(1978)
宣教再開百年誌編集委員会編 『宣教再開百年誌 カトリック静岡教会』(1984)
ソヴィニー B.de 他 『キリスト教史 8 ロマン主義時代のキリスト教』(平凡社、1997)
創立三十周年記念誌編集委員会編 『聖母と共に－創立三十周年記念－』(カトリック磐田教会、1986)
高木一雄 『明治カトリック教会史研究 上』(キリシタン文化研究会、1978)
高木一雄 『日本カトリック教会復活史』(教文館、2008)
高橋保行 『聖ニコライ大主教－日本正教会の礎』(日本基督教団出版局、2000)
高谷道男編訳 『ヘボン書簡集』(岩波書店、1979)
高谷道男『ヘボン』(吉川弘文館、1986)
高谷道男 『S.R.ブラウン書簡集』(日本基督教団出版局、1965)
田中彰校注 『米欧回覧実記』全5巻(岩波文庫、1977-1982)
富田仁・西堀昭 『横須賀製鉄所の人びと』(有隣新書、昭和58)
内閣官報局 『明治年間法令全書』第1巻・第5巻・第6巻・第11巻(原書房、1974-1975)
長崎純心大学長崎研究所編 『1865年プティジャン書簡－原文・翻刻・翻訳－「エリア写本」より－』(長崎純心大学博物館、2015)
長崎純心大学博物館 『信徒発見150周年記念講演集』(2016)
中島昭子 「岩倉使節団とフランス」(『キリスト教史学』第48集、1994)
中島昭子 「日本の改宗を祈る会と19世紀フランスのカトリック布教支援」(『研究キリシタン学』第3号、2000)
中島昭子 「パリ外国宣教会所蔵日本関係史料の研究」(『研究キリシタン学』第4

号、2001)
中島昭子 「信徒発見を知らせたパリ外国宣教会宣教師書簡」(『キリスト教史学』第66集、2012)
中島耕二他 『長老・改革教会来日宣教師事典』(新教出版社、2003)
中村健之介 『明治の日本ハリストス正教会』(教文館、1993)
中村健之介 『宣教師ニコライと明治日本』(岩波新書、1996)
ニコライ 『宣教師ニコライの全日記』(教文館、2007)
日本キリスト教会歴史編纂委員会編著 『日本キリスト教会50年史』(一麦出版社、2000)
日本バプテスト厚木教会 『日本バプテスト厚木教会85年記念誌』(1985)
日本バプテスト厚木教会 『神をたたえて 日本バプテスト厚木教会100周年記念誌』(2003)
沼謙吉 「部落解放運動の先駆け－明治初期カソリックの一役割－」(『歴史評論』125、1961)
沼津教会百年のあゆみ編集委員会編 『カトリック沼津教会百年のあゆみ』(1975)
浜松カトリック教会 『浜松カトリック教会百年史1878～1978』(1978)
平野千果子 『フランス植民地主義の歴史』(人文書院、2002)
フォルカード T.A.(中島昭子・小川早百合訳) 『幕末日仏交流記』(中央公論社、1993)
町田市立自由民権資料館編 『山上卓樹・カクと武相のキリスト教』(町田市教育委員会、2006)
三俣俊二 『和歌山・名古屋に流された浦上キリシタン』(聖母の騎士社、2004)
三好千春 「『巡回宣教師』テストヴィド神父の宣教活動」(『日本カトリック神学会誌』第25号、2014)
矢野道子 『ド・ロ神父黒革の日日録』(長崎文献社、2006)
山口正『浦上の使徒 テオドール・フレノ神父』(聖母の騎士社、1993)
山崎渾子 『岩倉使節団における宗教問題』(思文閣出版、2006)
横浜開港資料館編 『世界漫遊家たちのニッポン－日記と旅行記とガイドブック－』(1996)
横浜開港資料館編 『図説 横浜外国人居留地』(有隣堂、1998)
横浜教区設立50周年記念誌編集委員会編 『横浜教区設立50周年記念誌』(1988)
横浜市役所編 『横濱市史稿 神社・教会編』(名著出版、1973)
横浜タイムトリップ・ガイド制作委員会編 『横浜タイムトリップ・ガイド』(講談社、2008)
横浜天主堂献堂・日本再宣教150周年記念誌編集委員会編 『交わりとしての教

会をめざして』(カトリック横浜司教区、2013)
横浜西区史編集委員会編 『区制50周年記念 横浜西区史』(1995)
横浜プロテスタント史研究会編 『図説 横浜キリスト教史』(有隣堂、1992)
横浜プロテスタント史研究会編 『横浜開港と宣教師たち』(有隣堂、2008)
ルスタン M.F.de『ひとつぶの麦のように』(横浜雙葉学園、2000)
ルスタン M.F.de 『ひとつぶの麦のように - 前編 -』(横浜雙葉学園、2011)
DELACROIX,S. "Histoire universelle des missions catholiques" tome 3,(Paris, 1957)
GUENNOU, J. "Missions Etrangères de Paris", (Paris, 1986)
LOUVET,L.E. "Les Missions Catholiques au XIXe siècle", (Lille, 1898)
MARNAS,F. "Le Père Testevuide et sa léproserie de Gotemba(Japon)", (1891)
MEP, "Les Missions Etrangères en Asie et dans l'océan Indien", (Paris, 2007)
OLICHON,A. "Les Missions : histoire de l'expansion du catholicisme dans le monde", (Paris, 1936)
PIOLET,J.B. "Les Missions Catholiques françaises au XIXe siècle"tome 1, (Paris, 1900)
Société de Saint-Augustin"Album des Missions Catholiques Asie Orientale", (Paris/Lille, 1888)

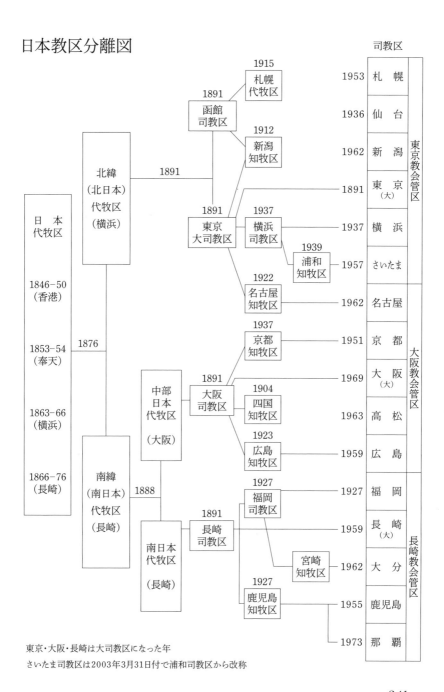

関連年表

＊月日不明事項は当該年の最後に記した。
＊病院は神山復生病院をさす。

年	テストヴィド師関連	日本の教会・宣教
1844		5月6日　フォルカード那覇上陸
1846		5月1日　日本代牧区設置
1847		2月21日　フォルカード香港で司教叙階
1849	10月2日　フランス　オート・マルヌ県で誕生 その後ラングルの小神学校・大神学校で学ぶ	
1854		3月31日　日米和親条約締結
1858		7月29日　日米修好通商条約締結 10月9日　日仏修好通商条約締結
1859		7月1日　横浜・長崎など開港 9月6日　ジラール江戸上陸
1862		1月12日　横浜天主堂献堂・カトリック教会日本再宣教開始
1865		2月19日　大浦天主堂献堂 3月17日　日本の信徒発見
1866		10月21日　プティジャン司教叙階 聖ルイ聖堂（横須賀）献堂
1867		7月15日　浦上四番崩れ勃発
1868（明治元）		4月6日　五榜の掲示
1871（4）		4月　プティジャン横浜着座 8月　廃藩置県 12月　岩倉使節団出発
1872（5）	10月28日　パリ外国宣教会神学校入学	6月　サン・モール修道会来日 10月　横浜・新橋間鉄道開通 12月　太陽暦採用

年		
1873 (6)	6月7日　司祭叙階 7月2日　日本へ出発 8月22日　横浜上陸 その後横須賀造船所のフランス人司牧 ＊第1書簡 8月20日	2月24日　高札撤去 3月14日　浦上キリシタン釈放
1874 (7)	5月　横浜で司牧 ＊第2書簡 5月	11月22日　築地仮聖堂建設 12月30日　横浜大火
1876 (9)	横浜でサン・モール会と活動	5月22日　日本代牧区を南北に分割
1877 (10)	壱分方（八王子）訪問、拠点設置 芝生（神奈川）に拠点設置 ＊第3書簡 12月31日	5月　松長（沼津）に教会建設 7月　ショファイユの幼きイエズス修道会来日
1878 (11)	3月　聖瑪利亜教会（八王子）献堂 十日市場・小田原巡回 ＊第4書簡 10月24日	5月　シャルトル聖パウロ修道女会来日 8月　築地教会献堂
1879 (12)	1月　小田原に拠点設置 神奈川県担当の巡回宣教師となる 横浜・八王子・横須賀・小田原巡回宣教 ＊第5書簡 3月26日	3月25日　川口教会（大阪）献堂
1880 (13)	1月　小田原訪問 5月　小田原・砂川訪問 8月　岐阜・名古屋巡回宣教 10月　砂川訪問 大島・砂川に拠点設置。 ＊第6書簡 5月13日 ＊第7書簡 10月16日	
1881 (14)	1月16日　浜松教会献堂式参列 5月　南部巡回（神奈川から岐阜）担当に異動 7月　藤枝教会誕生 小田原教会誕生	
1882 (15)	2月6日～5月20日　東海道巡回宣教 横須賀訪問 平塚・箱根に拠点設置 金谷教会建設か ＊第8書簡 2月3日 ＊第9書簡 6月3日	12月31日　再宣教後、初の日本人司祭叙階

年		
1883 (16)	1月下旬　東海道巡回宣教 9月21日〜12月21日　東海道巡回宣教 11月　水車小屋でハンセン病の女性と会う 　　　病気で金谷の仲田家に身を寄せる 聖ルイ教会（横須賀）移転、再開 ＊第10書簡 9月21日〜12月21日	
1884 (17)	2月3日　芝生村天主堂献堂 3月〜4月　巡回宣教 5月〜6月　巡回宣教か 6月　静岡教会再建 9月16日〜　神奈川・静岡県巡回宣教 八王子に拠点設置 ＊第11書簡 1月26日 ＊第12書簡 5月1日	10月7日　プティジャン司教帰天
1885 (18)	3月12日　砂川教会献堂 11月15日　沼津教会献堂 横浜と周辺で活動 ＊第13書簡 1月2日 ＊第14書簡 12月26日	9月　教皇レオ13世親書を天皇に贈る
1886 (19)	3月〜5月ごろ　静岡県巡回宣教 春 鮎沢村にハンセン病施設設置・聖フィロメヌ聖堂献堂 9月20日〜11月15日　静岡県巡回宣教 11月22日〜12月23日　神奈川県巡回宣教 11月か12月　静岡教会拡張、移転 厚木教会建設	
1887 (20)	2月〜3月　静岡県巡回宣教 4月18日〜5月18日　神奈川県巡回宣教 鮎沢村の施設から退去 江間（伊豆）に拠点設置	7月11日　横浜・国府津間鉄道開通
1888 (21)	2月2日　オズーフ司教に病院設立願提出 2月8日　オズーフ司教、設立許可 年末 神山に病院用地購入 ＊第15書簡 2月〜3月 ＊第16書簡 5月12日	3月20日　南緯代牧区から中部代牧区分離

1889 (22)	3月4日　病院最初の患者を受け入れる 3月25日　浅草教会祝別式参列 4月29日　郡役所に病院設立願提出 5月16日　郡長より病院開設許可 5月22日　病院開設日と定める 8月1日　水車小屋の女性を病院に受け入れる 八王子に礼拝堂建設 ＊第17書簡 6月28日	2月1日　国府津・静岡間鉄道開通 2月11日　大日本帝国憲法発布 3月　日本司教会議開催 7月1日　東海道線全線開通
1890 (23)	6月25日　病院開院式挙行 12月　体調を崩し静養 下田教会建設	
1891 (24)	復活祭後最後の巡回 5月　病気のため、香港のベタニア園に移る 8月3日　香港で帰天 ＊第18書簡 3月2日	4月17日　北緯代牧区から函館代牧区を分離 6月15日　日本に教階制を実施、4司教区設置
1999	6月　香港の遺骨、病院の墓地に分骨埋葬	

◆著者略歴

中島昭子（なかじま・あきこ）

捜真学院学院長。早稲田大学東アジア法研究所招聘研究員、関東学院大学キリスト教と文化研究所客員研究員。法制史学会、キリスト教史学会会員。捜真女学校高等学部、早稲田大学法学部卒業。同法学研究科博士前期課程、パリ第2大学博士課程修了。

明治の東海道を歩いた宣教師
テストヴィド神父書簡集

2017年5月22日　初版発行

著　者　中島昭子
発行者　関谷義樹
発行所　ドン・ボスコ社
　　　　〒160-0004　東京都新宿区四谷1-9-7
　　　　TEL 03-3351-7041　FAX 03-3351-5430
装　幀　幅　雅臣
印刷所　株式会社平文社

ISBN978-4-88626-621-7
（乱丁・落丁はお取替えいたします）